BLAUE SERIE *leicht gemacht*®

Herausgeber:
Richter Dr. Peter-Helge Hauptmann

Die Besteuerung von Kapitalanlagen

leicht gemacht

Eine Einführung für Studierende,
Berater und Anleger

von
Prof. Dr. Christian Möller, LL. M.
Professor an der Hochschule Hannover
Steuerberater

Ewald v. Kleist Verlag, Berlin

Besuchen Sie uns im Internet:
www.leicht-gemacht.de

Autoren und Verlag freuen sich über Ihre Anregungen

Umwelthinweis: Dieses Buch
wurde auf chlorfrei gebleichtem Papier gedruckt
Gestaltung: M. Haas, www.haas-satz.berlin; J. Ramminger
Druck & Verarbeitung: Druck und Service GmbH, Neubrandenburg
leicht gemacht® ist ein eingetragenes Warenzeichen

© 2016 Ewald v. Kleist Verlag, Berlin

Inhalt

I. Überblick: Besteuerung von Kapitalerträgen

Lektion 1: Grundlagen.................................... 5
Lektion 2: Freistellung, Nichtveranlagung, Günstigerprüfung.... 11

II. Einkünfte aus Kapitalvermögen

Lektion 3: Überblick 17
Lektion 4: Klassische zinstragende Anlagen 22
Lektion 5: Aktien, GmbH-Beteiligungen und Genussrechte...... 27
Lektion 6: Investmentfonds............................. 37
Lektion 7: Lebensversicherungen......................... 46
Lektion 8: Kapitalanlagen im Betriebsvermögen 52

III. Einkünfteermittlung und Steuersatz

Lektion 9: Ermittlung der Einkünfte und Steuersatz 56
Lektion 10: Zu- und Abflussprinzip 74
Lektion 11: Behandlung von Verlusten...................... 76

IV. Die Rolle (vor allem) der Banken: Kapitalertragsteuer

Lektion 12: Erfasste Einkünfte und Abzugsverpflichteter 81
Lektion 13: Berechnung der Kapitalertragsteuer 98
Lektion 14: Ausländische Steuern, Verlustverrechnung.......... 105
Lektion 15: Einzelfragen zur Kapitalertragsteuer............... 120

V. Die Sicht des Anlegers

Lektion 16: Abgeltungswirkung und Ausnahmen 127

Sachregister.. 136

Übersichten

Übersicht 1 Steuerliche Anträge.............................. 16

Übersicht 2 Wichtige Einkünfte aus Kapitalvermögen 18

Übersicht 3 Steuerliche Einordnung der Kapitalanlagen 21

Übersicht 4 Geschlossene Fonds/Offene Fonds 41

Übersicht 5 Besteuerung von Fonds........................... 45

Übersicht 6 Besteuerung von Kapital-Lebensversicherungen........ 51

Übersicht 7 Subsidiäre Behandlung von Kapitaleinkünften 53

Übersicht 8 Gewinn- und Überschusseinkünfte 57

Übersicht 9 Ausländische Steuern im Veranlagungsverfahren....... 66

Übersicht 10 Ausnahmen vom Abgeltungsteuersatz 69

Übersicht 11 Verrechnung von Verlusten........................ 80

Übersicht 12 Dividenden und GmbH-Gewinnausschüttungen 85

Übersicht 13 EK-Genussrechte/FK-Genussrechte.................. 93

Übersicht 14 Verlusttopf und Verlustbescheinigung................ 114

Übersicht 15 Ausnahmen von der Kapitalsetragssteuer 120

Übersicht 16 Deklarierungspflichtige Kapitalerträge 128

Übersicht 17 Privatanleger und Betrieblicher Anleger.............. 129

Übersicht 18 Optionale Veranlagung 132

Übersicht 19 Veranlagung durch den Anleger 133

I. Überblick: Besteuerung von Kapitalerträgen

Lektion 1: Grundlagen

Die folgenden kleinen Fälle rund um Herrn Ackermann und dessen Tagesgeldkonto geben einen ersten Einblick in die Besteuerung von Einkünften aus Kapitalvermögen. Gleichzeitig werden grundlegende Begriffe – Einkommensteuer, Kapitalertragsteuer, Abgeltungsteuer – und deren Verhältnis zueinander geklärt.

Fall 1

Der ledige und konfessionslose Herr Ackermann hat ein Tagesgeldkonto bei der Commerzbank. In einem Veranlagungszeitraum (= Kalenderjahr, § 25 Abs. 1 EStG) hat die Bank 20.000 € Zinsen errechnet und Ackermann nach Abzug von Kapitalertragsteuer (5.000 €) und Solidaritätszuschlag (275 €) einen Betrag von 14.725 € gutgeschrieben. Ackermann hat dazu einige Fragen. Zunächst möchte Ackermann wissen, warum die Commerzbank überhaupt Kapitalertragsteuer einbehalten hat. Unterliegen Zinsen nicht der Einkommensteuer?

Der Einkommensteuer unterliegt nach § 1 Abs. 1 S. 1 EStG das Einkommen der natürlichen Personen (Menschen). Einkommen kann sich aus verschiedenen Quellen ergeben. Das Einkommensteuergesetz (EStG) zählt sieben Einkunftsarten auf, die die steuerbaren von den nicht steuerbaren Einnahmen abgrenzen.

Nach § 2 Abs. 1 EStG unterliegen der Einkommensteuer:

1. Einkünfte aus Land- und Forstwirtschaft
2. Einkünfte aus Gewerbebetrieb
3. Einkünfte aus selbständiger Arbeit
4. Einkünfte aus nichtselbständiger Arbeit
5. Einkünfte aus Kapitalvermögen
6. Einkünfte aus Vermietung und Verpachtung
7. sonstige Einkünfte im Sinne des § 22 EStG

Unter anderem unterliegen nach dieser Aufzählung Einkünfte aus Kapitalvermögen der Einkommensteuer (§ 2 Abs. 1 S. 1 Nr. 5 EStG). Was darunter im Einzelnen zu verstehen ist, regelt § 20 EStG. Darin enthalten ist ein Katalog der Einkünfte aus Kapitalvermögen. Teil dieses Kataloges sind „Erträge aus sonstigen Kapitalforderungen" (§ 20 Abs. 1 Nr. 7 S. 1 EStG). Darunter fallen die Zinsen, die Ackermann für sein Tagesgeld bekommt.

In Fall 1 unterliegt Ackermann mit den Zinsen auf sein Tagesgeld also der Einkommensteuer.

> **Leitsatz 1**
>
> **Einkünfte aus Kapitalvermögen**
>
> Die Einkünfte aus Kapitalvermögen (§ 20 EStG) sind eine der **sieben** vom Einkommensteuergesetz erfassten **Einkunftsarten**. Entsprechend unterliegen der der Einkommensteuer.

Fall 2
Ackermann fragt nun, ob die demnach geschuldete Einkommensteuer noch zu der von der Commerzbank einbehaltenen Kapitalertragsteuer hinzukommt. Ist das der Fall?

Die Kapitalertragsteuer, geregelt in §§ 43 ff. EStG, ist keine eigene Steuerart, sondern lediglich eine spezielle Erhebungsform (Verwaltungsform) der Einkommensteuer (wenn der Anleger eine natürliche Person ist) oder der Körperschaftsteuer (wenn der Anleger eine Körperschaft – insbesondere GmbH oder AG – ist). Um die Besonderheit dieser Verwaltungsform zu verstehen, müssen wir uns zunächst vor Augen führen, wie Einkommen- und Körperschaftsteuer üblicherweise erhoben (verwaltet) werden. Die folgende Betrachtung beschränkt sich auf die Einkommensteuer. Für die Körperschaftsteuer gelten aber dieselben Grundsätze.

Regelmäßig wird Einkommensteuer in der Weise erhoben, dass der Steuerpflichtige zunächst Einkünfte erzielt und diese dann jährlich in einer Steuererklärung deklariert (§ 25 Abs. 3 S. 1 EStG). Das Finanzamt berechnet nach den Angaben des Steuerpflichtigen die Steuer und setzt sie in einem Steuerbescheid fest. Erst dann zahlt der Steuerpflichtige die entstandene Steuer. Dieses übliche Erhebungsverfahren (als „Veranlagung" bezeichnet) ist fehleranfällig. Es setzt nämlich voraus, dass Einkünfte vollständig und richtig angegeben werden. Nicht jeder Steuerpflichtige tut dies. Wenn dem Finanzamt unrichtige Angaben auffallen (etwa im

Rahmen einer Außenprüfung nach §§ 194 ff. AO), drohen zwar nicht nur Nachzahlungen, sondern auch eine Strafbarkeit wegen Steuerhinterziehung (§ 370 AO).

Diese Androhung verhindert unterbliebene oder falsche Steuererklärungen – und damit Steuerausfälle – in der Praxis aber nicht. Das Veranlagungsverfahren führt zudem dazu, dass der Fiskus Steuerzahlungen erst spät erhält (die Festsetzung von Vorauszahlungen nach § 37 EStG schafft hier eine gewisse Abhilfe).

Im Bereich der Einkünfte aus Kapitalvermögen hat der Gesetzgeber mit der Kapitalertragsteuer (geregelt in §§ 43 ff. EStG) ein besonderes Erhebungsverfahren eingeführt, das die geschilderten Nachteile vermeiden soll: Nach § 43 Abs. 1 S. 1 EStG „wird die Einkommensteuer durch Abzug vom Kapitalertrag (Kapitalertragsteuer) erhoben". In dieser Erhebung spielt (bezogen auf unser Beispiel der Tagesgeldzinsen) die Bank als auszahlende Stelle die zentrale Rolle. Der Staat spannt die Bank als seinen „Erfüllungsgehilfen" in die Steuerverwaltung ein. Sie wird verpflichtet, geschuldete Zinsen nicht vollständig (brutto) an den Sparer auszuzahlen, sondern davon zunächst die Kapitalertragsteuer (nebst Solidaritätszuschlag, dazu unten) abzuziehen. Die einbehaltene Kapitalertragsteuer ist an das Finanzamt abzuführen. Der Sparer erhält nur den sich nach diesem Abzug ergebenden Nettobetrag ausgezahlt.

Bei einem zu geringen Kapitalertragsteuer-Abzug haftet die Bank dem Finanzamt für den Fehlbetrag (§ 44 Abs. 5 EStG). Das gilt auch bei einem fälschlich ganz unterlassenen Abzug. In dieser Haftung liegt ein starker Anreiz für die Bank, bei der Berechnung genau hinzusehen. Die Gewähr dafür, dass die geschuldete Steuer tatsächlich gezahlt wird, steigt dadurch gegenüber dem üblichen Erhebungsverfahren durch Veranlagung. Nach § 44 Abs. 1 S. 5 EStG ist die innerhalb eines Kalendermonats von einer Bank einbehaltene Steuer zudem jeweils spätestens bis zum zehnten Tag des folgenden Monats an das Finanzamt abzuführen. Die Kapitalertragsteuer führt also auch dazu, dass der Fiskus im Vergleich zur Steuerzahlung nach Veranlagung früh an sein Geld kommt.

Exkurs: Genau wie die hier behandelte Kapitalertragsteuer ist übrigens auch die Lohnsteuer (§§ 38 ff. EStG) keine eigene Steuerart, sondern lediglich eine besondere Erhebungsform der Einkommensteuer, die eingreift, wenn Einkünfte aus nichtselbständiger Arbeit (§ 19 EStG) erzielt werden (insb. Arbeitslohn). Auch bei der Lohnsteuer zieht der Arbeitgeber vom Bruttolohn des Arbeitnehmers die dadurch ausgelöste Einkommensteuer ab und führt sie an das Finanzamt ab; dem Arbeitnehmer wird nur der verbleibende Nettolohn ausgezahlt.

Weil Kapitalertragsteuer und Lohnsteuer zu einem Steuerabzug „an der Quelle" führen, werden sie als „Quellensteuern" bezeichnet. Genau genommen – das sei noch einmal betont – handelt es sich aber nicht um eigenständige Steuern, sondern nur um spezielle (aus Sicht des Fiskus komfortable) Verfahren zur Verwaltung der Einkommen- und Körperschaftsteuer.

Die Lösung zu Fall 2 lautet daher: Die Einkommensteuer kommt nicht noch zu der von der Commerzbank einbehaltenen Kapitalertragsteuer hinzu. Die Einkommensteuer ist vielmehr bereits erhoben worden – im Wege der Kapitalertragsteuer.

> ### Leitsatz 2
> **Besondere Erhebungsform**
>
> Die Kapitalertragsteuer ist **keine eigene Steuerart**, sondern lediglich eine besondere Erhebungsform der Einkommen- oder Körperschaftsteuer.

Fall 3

Ackermanns nächste Frage: Woher kommt der fixe Steuersatz von 25%, den die Commerzbank angewendet hat? Gilt bei der Einkommensteuer nicht sonst ein progressiver Tarif (also die Regel, dass der Steuersatz mit steigendem Einkommen steigt)?

Es ist richtig, dass der allgemeine Einkommensteuertarif (geregelt in § 32a EStG) progressiv ist: Das zu versteuernde Einkommen wird bis zu einem Grundfreibetrag von ca. 8.500 € (regelmäßige Anpassungen) gar nicht besteuert. Die darüber hinausgehenden Einkommensteile werden zunächst moderat besteuert – der erste Euro mit 14% – und in der Spitze mit 45%. Je höher das Einkommen ist, desto höher ist also nicht nur der absolute Steuerbetrag, sondern auch der in Prozent ausgedrückte Steuersatz.

Dieser progressive Tarifverlauf gilt für alle sieben Einkunftsarten mit einer Ausnahme – den Einkünften aus Kapitalvermögen. Hier gilt gemäß § 32d Abs. 1 EStG ein spezieller Steuersatz von 25 %. Dieser ist von der Höhe der Kapitaleinkünfte unabhängig. I.H.v. 25 % nimmt die Bank in unserem Beispielsfall auch den Kapitalertragsteuer-Abzug vor (§ 43a Abs. 1 S. 1 Nr. 1 EStG). Mit diesem Abzug ist die Einkommensteuer in vielen Fällen abgegolten (§ 43 Abs. 5 S. 1 EStG; zu Ausnahmen s.u. Lektion 16). Diese Abgeltungswirkung ist der Grund dafür, dass dann, wenn Einkommensteuer im Wege der Kapitalertragsteuer erhoben wird, häufig auch von Abgeltungsteuer die Rede ist.

Wegen der abgeltenden Wirkung des Steuerabzugs an der Quelle sind die davon erfassten Einkünfte i.d.R. nicht mehr in der ESt-Erklärung anzugeben.

In Fall 3 ist bei Ackermann die Einkommensteuer im Wege der Kapitalertragsteuer (Einbehaltung und Abführung durch die Bank) erhoben worden. Mit diesem Abzug ist die Einkommensteuer für Ackermann abgegolten.

Leitsatz 3

Einkommensteuer, Kapitalertragsteuer und Abgeltungsteuer

Einkommensteuer, Kapitalertragsteuer und Abgeltungsteuer sind **nicht** drei verschiedene Steuerarten. Richtig ist vielmehr: Einkünfte aus Kapitalvermögen unterliegen der **Einkommensteuer**. Diese wird regelmäßig im Wege der **Kapitalertragsteuer** erhoben – also im Wege eines speziellen Erhebungsverfahrens, das den Steuerabzug durch den Schuldner von Kapitalerträgen oder eine andere Zahlstelle mit einem speziellen Steuersatz von 25 % (nebst SolZ) vorsieht. Weil sich mit diesem Abzug die Steuererhebung für den Steuerpflichtigen regelmäßig erledigt hat (die Einkommensteuer ist durch den Abzug „abgegolten"), wird dieses System häufig (nicht vom Gesetzgeber) als **Abgeltungsteuer** bezeichnet.

Leitsatz 4

Begriff Quellensteuern

Kapitalertragsteuer und Lohnsteuer sind (nur) eine **besondere Erhebungsform** der **Einkommensteuer**. Weil in beiden Fällen die Steuer bereits **„an der Quelle"** für Rechnung des Gläubigers abgeführt wird, werden Lohn- und Kapitalertragsteuer auch als „Quellensteuern" bezeichnet.

Fall 4

Ackermann fragt weiter, warum die Commerzbank neben 25 % Kapitalertragsteuer auch einen Solidaritätszuschlag einbehalten hat.

Der Solidaritätszuschlag (umgangssprachlich „Soli") ist eine Ergänzungsabgabe zur Einkommensteuer und zur Körperschaftsteuer. Die Einführung dieser Abgabe wurde mit den hohen Staatsausgaben zur Bewältigung der deutschen Einheit begründet. Das Aufkommen steht allein dem Bund zu.

Wie oben ausgeführt, ist die Kapitalertragsteuer als „Quellensteuer" nur eine besondere Erhebungsform der Einkommen- oder Körperschaftsteuer. Es ist daher folgerichtig, dass auch auf die Kapitalertragsteuer der Solidaritätszuschlag als Ergänzungsabgabe erhoben wird (§ 3 Abs. 1 SolZG). Bemessungsgrundlage für den Solidaritätszuschlag ist der Steuerbetrag, an den die Ergänzungsabgabe anknüpft. Der Steuersatz beträgt 5,5 %.

Die Lösung des Falls 4: Die Commerzbank hat zutreffend neben Kapitalertragsteuer von 5.000 € auch einen Solidaritätszuschlag von 275 € einbehalten.

Leitsatz 5

Solidaritätszuschlag

Der Solidaritätszuschlag als **Ergänzungsabgabe** zur Einkommensteuer und zur Körperschaftsteuer beläuft sich auf 5,5 % des Betrages dieser Steuern (Achtung: nicht auf 5,5 % der Bemessungsgrundlage dieser Steuern). Weil die **Kapitalertragsteuer** lediglich eine besondere Erhebungsform der Einkommen- oder Körperschaftsteuer ist, wird auch darauf der Solidaritätszuschlag erhoben.

Lektion 2: Freistellung, Nichtveranlagung, Günstigerprüfung

Freistellungsauftrag

Fall 5

Die Commerzbank hat bei der Auszahlung von Zinsen in Höhe von 50.000 € an Herrn Buffet Kapitalertragsteuer in Höhe von 12.500 € nebst Soli einbehalten. Herr Buffet überlegt, was er hätte tun können, um den Steuerabzug (teilweise) zu vermeiden.

Einkünfte aus Kapitalvermögen bleiben bis zu einem Betrag von 801 € (Bei zusammenveranlagten Ehegatten und Partnern einer eingetragenen Lebenspartnerschaft: 1.602 €) steuerfrei („Sparer-Pauschbetrag", § 20 Abs. 9 EStG). Der Sparer kann seiner Bank einen Freistellungsauftrag erteilen und damit erreichen, dass die Bank die Kapitalertragsteuer nicht auf die vollen Zinsen berechnet, sondern davon zunächst den Sparer-Pauschbetrag abzieht (§ 44a Abs. 1 S. 1 Nr. 3, Abs. 2 S. 1 Nr. 1 EStG).

Lösung des Falls 5: Hätte Buffet der Commerzbank einen Freistellungsauftrag über den vollen Sparer-Pauschbetrag erteilt, hätte diese Kapitalertragsteuer nur auf 49.199 € (48.398 € wenn verheiratet) berechnet. Entsprechend hätte sich auch der Solidaritätszuschlag reduziert.

Wer Anlagen bei mehreren Banken unterhält, kann mehrere Freistellungsaufträge erteilen. Insgesamt darf dabei der Sparer-Pauschbetrag von 801 €/1.602 € nicht überschritten werden. Wer auf einen oder mehrere Freistellungsaufträge verzichtet, kommt trotzdem in den Genuss des Sparer-Pauschbetrages, allerdings nur im Rahmen des Veranlagungsverfahrens. Die Kapitalerträge müssen dazu in der Einkommensteuererklärung angegeben werden (dies ist sonst regelmäßig entbehrlich). Zudem ergibt sich ein kleiner Liquiditätsnachteil, weil die von der Bank in einem Kalenderjahr einbehaltene Steuer erst angerechnet oder erstattet wird, sobald ein Einkommensteuerbescheid ergangen ist – meistens also in der zweiten Hälfte des folgenden Kalenderjahres.

Die Banken melden jeweils dem Bundeszentralamt für Steuern die Höhe der vom Quellensteuerabzug freigestellten Kapitalerträge (§ 45d EStG). Das Amt kann so prüfen, ob Steuerpflichtige mehrere Freistellungsaufträge erteilen, die in der Summe zur Überschreitung des Pauschbetrags führen.

Nichtveranlagungsbescheinigung

Eine weitere Möglichkeit haben Steuerpflichtige, deren gesamte Einkünfte (einschließlich jener aus Kapitalvermögen) so gering sind, dass Einkommensteuer voraussichtlich nicht anfallen wird. Dazu ist insbesondere der Grundfreibetrag zu berücksichtigen, wonach ein zu versteuerndes Einkommen von ca. 8.500 € (regelmäßige Anpassung) steuerfrei bleibt.

Wer „Geringverdiener" in diesem Sinne ist, kann eine Nichtveranlagungsbescheinigung (NV-Bescheinigung) bei seiner Bank einreichen. Dadurch wird jeglicher Kapitalertragsteuer-Abzug vermieden (§ 44a Abs. 1 S. 4, Abs. 2 S. 1 Nr. 2 EStG). Während der Anleger einen Freistellungsauftrag selbst ausstellt, muss er eine NV-Bescheinigung bei seinem zuständigen Wohnsitzfinanzamt beantragen.

In der Praxis nutzen vor allem Ruheständler, die insgesamt nur geringe Einkünfte haben, die Vorzüge der NV-Bescheinigung.

Im Fall 5 wird Buffet eine NV-Bescheinigung dagegen nicht erhalten, weil schon seine Einkünfte aus Kapitalvermögen deutlich über dem Grundfreibetrag liegen.

Leitsatz 6

Freistellungsauftrag und NV-Bescheinigung

Wer den Abzug von Kapitalertragsteuer teilweise oder ganz vermeiden möchte, kann bei seiner Bank einen **Freistellungsauftrag** oder eine **Nichtveranlagungsbescheinigung** (NV-Bescheinigung) einreichen. Einen Freistellungsauftrag erteilt der Sparer selbst, während eine NV-Bescheinigung beim Finanzamt zu beantragen ist.

- Ein **Freistellungsauftrag** führt dazu, dass Einkünfte aus Kapitalvermögen in Höhe des Sparer-Pauschbetrages von € 801/€ 1.602 ohne Steuerabzug bleiben.
- Liegt der Bank eine **NV-Bescheinigung** vor, sieht sie vollständig vom Abzug von Kapitalertragsteuer ab. Eine NV-Bescheinigung erhält von seinem Finanzamt aber nur, wessen gesamte Einkünfte (einschließlich jener aus Kapitalvermögen) so gering sind, dass Einkommensteuer voraussichtlich nicht anfallen wird.

Günstigerprüfung

Fall 6

Kann Buffet jetzt – also nach bereits erfolgtem Kapitalertragsteuer-Abzug – noch etwas tun, um die einbehaltenen Steuern (teilweise) zurückzubekommen?

Ja, Buffet kann in seiner Steuererklärung eine Günstigerprüfung nach § 32d Abs. 6 EStG beantragen. Zu deren Hintergrund: Der abgeltende Steuersatz von (nur) 25 % stellt eine Privilegierung von Kapitaleinkünften gegenüber dem Spitzensteuersatz von 45 % dar, der nach dem allgemeinen Tarif (§ 32a EStG) gilt. Mit dieser Privilegierung verfolgt der Gesetzgeber u.a. das Ziel, bei vermögenden Steuerpflichtigen eine Kapitalflucht in das Ausland zu verhindern und einen Anlass zur Rückverlagerung von Kapitalvermögen in das Inland („Repatriierung") zu geben.

Auf der anderen Seite sollen Steuerpflichtige, deren Steuersatz nach dem allgemeinen (progressiven) Tarif unter 25 % läge, durch die Abgeltungsteuer nicht benachteiligt werden. Wer meint, nach dem allgemeinen Tarif besser (nämlich niedriger besteuert) dazustehen, kann nach § 32d

Abs. 6 EStG in seiner Einkommensteuer-Erklärung einen Antrag auf Günstigerprüfung stellen. Wenn dieser Antrag gestellt ist, prüft das Finanzamt, ob der Steuerpflichtige – verglichen mit der Abgeltungsteuer von 25 % – günstiger steht, wenn die Kapitaleinkünfte zusammen mit den übrigen Einkünften des Steuerpflichtigen der allgemeinen Tarifbelastung nach § 32a EStG unterworfen werden.

Wegen des progressiven Tarifverlaufs lohnt sich der Antrag auf Günstigerprüfung, wenn neben relativ niedrigen Einkünften aus Kapitalvermögen nur geringe andere Einkünfte erzielt werden.

Lösung des Falls 6: Von den Zinsen in Höhe von 50.000 € hat die Commerzbank 25 % Kapitalertragsteuer, also 12.500 €, einbehalten. Nach dem progressiven Einkommensteuertarif (§ 32a EStG) zahlt eine verheiratete Person (Anwendung des „Splitting-Tarifs") auf ein zu versteuerndes Einkommen von € 50.000 Einkommensteuer in Höhe von 7.914 € (15,83 %). Verglichen mit der einbehaltenen Kapitalertragsteuer, bedeutet das eine „Ersparnis" von 4.586 €. Ob diese wirklich eintritt, hängt aber von den anderen Einkünften der Eheleute ab. Wenn sich unter deren Berücksichtigung ein Steuersatz von mehr als 25 % ergibt, bringt die Günstigerprüfung den Eheleuten nichts. Ist das Ergebnis der Prüfung dagegen ein Steuersatz von weniger als 25 %, gibt es vom Finanzamt „Geld zurück". Für den Soli gilt dasselbe.

Im Wort „Günstigerprüfung" steckt übrigens, dass das Finanzamt bei gestelltem Antrag stets den für den Steuerpflichtigen günstigeren Tarif (Abgeltungsteuer von 25 % oder allgemeiner Tarif nach § 32a EStG) anwendet. Ein Antrag auf Günstigerprüfung kann damit für den Steuerpflichtigen nur vorteilhaft, nie nachteilig sein.

Die Günstigerprüfung nach § 32d Abs. 6 EStG kann für Buffet in Fall 6 – je nach weiteren Einkünften – zu einer Steuerrückzahlung führen. Wenn die Günstigerprüfung ihm nichts bringt, erhält Buffet eine kleine Steuerrückzahlung jedenfalls nach § 32d Abs. 4 EStG (Option zur Veranlagung zum Abgeltungssteuersatz). Wenn Buffet die Kapitalerträge, auf die die Commerzbank Kapitalertragsteuer einbehalten hat, in seiner Steuererklärung angibt (Wahlrecht), erhält er nach dieser Vorschrift die abgeführte Kapitalertragsteuer (nebst Soli) zurück, soweit diese auf Zinsen in Höhe des Sparer-Pauschbetrages (bei Verheirateten 1.602 €) entfällt. Buffet wird auf diesem Weg also nachträglich so gestellt, als hätte er einen Freistellungsauftrag eingereicht. Es bliebe aber (anders als bei der Günstigerprüfung nach § 32d Abs. 6 EStG) der besondere Steuersatz von 25% anwendbar. Buffets Vorteil beliefe sich also auf (1.602 € * 25% =) 400,50 €.

Leitsatz 7

Günstigerprüfung

Mit der Einführung eines besonderen **Steuersatzes von 25%** hat der Gesetzgeber Einkünfte aus Kapitalvermögen gegenüber anderen Einkunftsarten **privilegiert**. Ein Privileg stellt ein Steuersatz von 25% aber nur für solche Anleger dar, die ein **hohes Einkommen** erzielen und daher nach dem progressiven Steuertarif des § 32a EStG einem höheren Steuersatz als 25% unterliegen.

Damit der besondere Steuersatz von 25% für Anleger mit **kleinem Einkommen** keine zusätzliche Belastung begründet, nimmt das Finanzamt auf Antrag eine **Günstigerprüfung** vor (§ 32d Abs. 6 EStG). Ist dieser Antrag gestellt, findet entweder der besondere Steuersatz von 25% Anwendung oder der individuelle Steuersatz, der sich aus § 32a EStG ergibt – abhängig davon, welcher Satz für den Anleger günstiger ist.

Zu den verschiedenen steuerlichen Anträgen nun eine zusammenfassende Übersicht über Sinn, Folgen und Antragsformulierung.

Übersicht 1: Steuerliche Anträge

Freistellungsauftrag

▶ Ist für Steuerpflichtige sinnvoll, die **früh** und **ohne großen Verfahrensaufwand** vom Sparer-Pauschbetrag profitieren wollen.

Folge: Der Steuerzahler profitiert vom Sparer-Pauschbetrag bereits bei Auszahlung der Kapitalerträge und erspart sich Angaben in der Steuererklärung

Antrag: Durch Ausfüllen von Formularen, die die Banken bereithalten

Nichtveranlagungsbescheinigung (NV-Bescheinigung)

▶ Erfasst den Fall, dass (wie gelegentlich bei Ruheständlern) die **gesamten Einkünfte** so gering sind, dass Einkommensteuer voraussichtlich nicht anfallen wird.

Folge: Die Bank sieht von jeglichem Abzug von Kapitalertragsteuer ab

Antrag: Beim Finanzamt / Bescheinigung nach Erhalt an Bank

Günstigerprüfung

▶ Kann (je nach Umfang der Kapitalerträge im Einzelnen) sinnvoll sein, wenn das gesamte zu versteuernde Einkommen einschließlich der Kapitalerträge **bis zu** etwa 50.000 € (Single) bzw. bis zu etwa 100.000 € (Zusammenveranlagung) beträgt.

Folge: Der Steuerzahler erhält vom Finanzamt eine Erstattung

Antrag: In der Steuererklärung (Anlage KAP)

Option zur Veranlagung zum Abgeltungsteuersatz

▶ Ist u.a. sinnvoll, nur wenn die Bank Kapitalertragsteuer (**in voller Höhe**) abgezogen hat, weil der Sparer keinen Freistellungsauftrag erteilt hatte.

Folge: Der Steuerzahler erhält vom Finanzamt eine Erstattung

Antrag: In der Steuererklärung (Anlage KAP)

II. Einkünfte aus Kapitalvermögen

Lektion 3: Überblick

Fall 7

Faber hat umfangreich geerbt. Er hat gehört, dass Einkünfte aus Kapitalvermögen (§ 20 EStG) nach § 32d EStG einem günstigen Steuersatz von nur 25 % unterliegen. Er möchte davon profitieren und bittet zur Vorbereitung seiner Anlageentscheidung um einen Überblick darüber, welche Anlageformen zu Einkünften aus Kapitalvermögen führen.

Was zu den Einkünften aus Kapitalvermögen gehört, ist insbesondere in § 20 Abs. 1 und Abs. 2 EStG definiert. Dort sind Erträge erfasst, die die Anlage von Kapitalvermögen abwirft:

▶ § 20 Abs. 1 EStG regelt dabei die laufenden Einkünfte (insbesondere Zinsen und Gewinnausschüttungen).

▶ § 20 Abs. 2 EStG erfasst die Einkünfte, die (insbesondere) auf Veräußerungsgeschäften beruhen (Besteuerung der Vermögensebene).

Besteuert werden allerdings jeweils nur Vermögensmehrungen.

Insgesamt werden durch die Regelungen in § 20 Abs. 1 und 2 EStG die Erträge, die Kapitalanlagen abwerfen, sehr umfassend von der Steuer erfasst. Dies war die Intention des Gesetzgebers bei Einführung der „Abgeltungsteuer": Kapitalerträge sollten mit einem niedrigen Satz von 25 % besteuert werden, dafür sollte aber der Umfang der besteuerten Erträge möglichst „lückenlos" sein. Eine reine Substanzsteuer – etwa in dem Sinne, dass jährlich ein bestimmter Prozentsatz des Anlagevermögens selbst dann als Steuer zu zahlen ist, wenn der Wert des Vermögens gesunken ist – gibt es nicht.

Eine solche sog. Vermögensteuer wird in Deutschland nicht mehr erhoben (die Wiedereinführung wird aber gelegentlich diskutiert).

Zu den wichtigsten Einkünfte aus Kapitalvermögen hier eine Übersicht.

Übersicht 2: Wichtige Einkünfte aus Kapitalvermögen

Die wichtige Einkünfte aus Kapitalvermögen **gem. § 20 EStG:**

Dividenden aus Aktien sowie Gewinnausschüttungen, die Gesellschafter einer **GmbH** erhalten	§ 20 Abs. 1 Nr. 1 EStG
Einnahmen aus bestimmten Beteiligungen als **stiller Gesellschafter**	§ 20 Abs. 1 Nr. 4 EStG
Bestimmte Erträge aus **Lebensversicherungen**	§ 20 Abs. 1 Nr. 6 EStG
Erträge aus „sonstigen Kapitalforderungen jeder Art, wenn die Rückzahlung des Kapitalvermögens oder ein Entgelt für die Überlassung des Kapitalvermögens zur Nutzung zugesagt oder geleistet worden ist". Darunter fallen insbesondere **Zinsen**, die etwa über Tages- oder Festgeldkonten, Sparbücher oder Anleihen erzielt werden.	§ 20 Abs. 1 Nr. 7 EStG
Gewinne aus der **Veräußerung von Aktien oder GmbH-Anteilen**	§ 20 Abs. 2 Nr. 1 EStG
Gewinne, die aus der Veräußerung von sonstigen Kapitalforderungen jeder Art im Sinne des Abs. 1 Nr. 7 erzielt werden. Dazu gehört etwa ein **Kursgewinn**, der bei der Veräußerung einer **Anleihe** (Staats- oder Unternehmensanleihe) über die Börse erzielt wird.	§ 20 Abs. 2 Nr. 7 EStG

Ein weiterer wichtiger Fall der Einkünfte aus Kapitalvermögen ist **außerhalb des § 20 EStG** geregelt:

Erträge aus Investmentfonds stellen ebenfalls Einkünfte aus Kapitalvermögen dar. Dazu gehören insbesondere die Erträge, die Anleger aus (offenen) **Aktien-, Renten oder Immobilienfonds (Investmentfonds)** erzielen.	§ 2 Abs. 1 S. 1 sowie § 8 Abs. 5 S. 1 des Investmentsteuergesetzes (InvG)

Neben den genannten Anlageformen gibt es Investments, die in der Umgangssprache ebenfalls Kapitalanlagen sind, die aber nicht zu Einkünften aus Kapitalvermögen i.S.d. § 20 EStG führen. So könnte sich Faber in unserem Fall etwa dazu entscheiden, in „Betongold" zu investieren, indem er Teile des Erbes in ein zu vermietendes Mehrfamilienhaus steckt. Man würde dies als Immobilienerwerb zu Zwecken der Kapitalanlage bezeichnen. Faber würde aber keine Einkünfte aus Kapitalvermögen (§ 20 EStG) erzielen, sondern Einkünfte aus Vermietung und Verpachtung (§ 21 EStG). Darauf würde der allgemeine (progressive) Einkommensteuertarif gemäß § 32a EStG Anwendung finden, nicht die 25%-Besteuerung nach § 32d EStG.

Ebenfalls außerhalb der Einkünfte aus Kapitalvermögen (§ 20 EStG) bewegt sich Faber grundsätzlich, wenn er nicht in einen der von § 2 InvStG erfassten Investmentfonds (sog. offene Fonds) investiert, sondern in einen geschlossenen Fonds. Dabei handelt es sich um eine Beteiligung an einer Personengesellschaft (meist einer Kommanditgesellschaft), die in ein oder mehrere Anlageobjekte investiert. Welche Einkunftsart hier verwirklicht wird, hängt davon ab, welches Geschäft die Personengesellschaft betreibt. Wird etwa in eine zu vermietende Immobilie investiert, erzielen die Anleger Einkünfte aus Vermietung und Verpachtung (§ 21 EStG). Wiederum findet der allgemeine (progressive) Einkommensteuertarif gemäß § 32a EStG Anwendung, nicht die 25%-Besteuerung nach § 32d EStG. Nur soweit ein (vermögensverwaltender) geschlossener Fonds seinerseits Anlagen tätigt, die unter § 20 EStG fallen (Beispiel: der Fonds hält eine Anleihe oder ein Tagesgeldkonto; daraus fließen ihm Zinsen zu), vermittelt der Fonds den Anlegern Einkünfte aus Kapitalvermögen, die der Abgeltungsteuer unterliegen.

Eine weitere Kapitalanlage, die nicht zu Einkünften aus Kapitalvermögen führt, sind Investments in physische Edelmetalle (z.B. Gold- oder Silberbarren oder -münzen). Wer etwa einen Goldbarren verkauft, muss einen Gewinn daraus nur versteuern, wenn er sonstige Einkünfte i.S.d. § 22 Nr. 2 i.V.m. § 23 Abs. 1 S. 1 Nr. 2 S. 1 EStG erzielt. Das setzt voraus, dass der Zeitraum zwischen Anschaffung und Veräußerung des Goldes nicht mehr als ein Jahr betragen hat („Spekulationssteuer"). Wie ein Investment in ein physisches Edelmetall sind nach dem BFH (entgegen der Auffassung der Finanzverwaltung) der Erwerb und die spätere Einlösung einer Inhaberschuldverschreibung (also eines Wertpapiers) zu behandeln, die einen Anspruch auf die Lieferung eines Edelmetalls verbrieft („Xetra-Gold Inhaberverschreibung").

Nur nach § 22 Nr. 2 i.V.m. § 23 Abs. 1 S. 1 Nr. 2 S. 1 EStG („Spekulationsfrist") steuerbar sind auch Gewinne aus Investments auf dem Kunstmarkt (z.B.: Kauf von Gemälden zu Anlagezwecken) und in Devisen (Fremdwährungen). Auf sonstige Einkünfte i.S.d. § 22 EStG findet der allgemeine (progressive) Einkommensteuertarif gemäß § 32a EStG Anwendung, nicht die 25%-Besteuerung nach § 32d EStG.

Lösung des Falls 7: Wenn Faber von dem günstigen Steuersatz des § 32d EStG (25%) profitieren möchte, muss er Einkünfte aus Kapitalvermögen (§ 20 EStG) erzielen, sich also für eine der in § 20 Abs. 1, 2 EStG genannten Anlageformen (ergänzt um die offenen Fonds nach § 2 InvStG) entscheiden.

Die danach begünstigten Anlageformen werden in der folgenden Übersicht noch einmal zusammengefasst.

Übersicht 3: Steuerliche Einordnung der Kapitalanlagen

Einkünfte aus Kapitalvermögen
mit dem günstigem 25%-Steuersatz des § 32d EStG

Die wichtigsten Kapitalanlagen im Bereich des § 20 EStG sind:

- **Aktien**
- **GmbH-Anteile**
- **verzinsliche Darlehen**
- Anlagen auf **Tages- oder Festgeldkonten**
- **Sparbücher**
- **Anleihen**
- **Lebensversicherungen**
- Anteile an **offenen Fonds** (z.B. offenen Immobilien- oder Aktienfonds)

Keine **Einkünfte aus Kapitalanlagen**

Kapitalanlagen, die nicht zu Einkünften aus Kapitalvermögen führen, sind z.B.:

- **Physische Edelmetalle**
- **Kunstgegenstände**
- **Direkte** (also nicht über Fonds getätigte) **Investments in Immobilien**
- Anteile an **geschlossenen Fonds**

Lektion 4: Klassische zinstragende Anlagen

Der folgende Abschnitt ist „klassischen" zinstragenden Anlagen gewidmet. Darunter fallen etwa

- ▶ verzinsliche Darlehen
- ▶ Tages- und Festgeldkonten
- ▶ Sparbücher

sowie je nach Ausgestaltung im Einzelfall

- ▶ Anleihen der öffentlichen Hand
- ▶ Unternehmensanleihen

Fall 8

Dennis nimmt bei seinem Großvater Richard ein Darlehen von 100.000 € auf, um eine kleine Eigentumswohnung als Mietobjekt zu finanzieren. Es wird ein Zins von 3 % p.a. vereinbart. Dennis zahlt an Richard monatlich einen gleichbleibenden Betrag von 600 €, der sich aus Tilgung und Zinsen zusammensetzt. Muss Richard auf die Einnahmen Steuern zahlen?

Richard als natürliche Person mit Wohnsitz in Deutschland unterliegt der Einkommensteuer (§ 1 Abs. 1 S. 1 EStG). Die Einkommensteuer erfasst alle Einkünfte, die sich einer der sieben Einkunftsarten des § 2 Abs. 1 EStG zuordnen lassen. Unter anderem sind danach Einkünfte aus Kapitalvermögen steuerbar (§ 2 Abs. 1 S. 1 Nr. 5 EStG). Worum es dabei geht, regelt der Katalog in § 20 Abs. 1, 2 EStG. Dort sind Erträge erfasst, die die Anlage von Kapitalvermögen abwirft.

Nach § 20 Abs. 1 Nr. 7 S. 1 EStG sind Einkünfte aus Kapitalvermögen u.a. „sonstige Kapitalforderungen jeder Art, wenn die Rückzahlung des Kapitalvermögens oder ein Entgelt für die Überlassung des Kapitalvermögens zur Nutzung zugesagt oder geleistet worden ist".

Darunter fallen die Zinsen, die ein Darlehensnehmer an den Darlehensgeber zahlt. Damit ist Einkommensteuer u.a. zu zahlen auf Zinsen, die ein Tages- oder Festgeldkonto oder ein Sparbuch abwerfen. Ebenso sind danach Zinsen zu versteuern, die ein Anleger erhält, der eine Staats- oder Unternehmensanleihe in seinem Depot hält. Steuerbare Einkünfte aus Kapitalvermögen liegen aber nicht nur vor, wenn solchen „professionellen Abnehmern" Kapital überlassen wird. Auch Entgelte (Zinsen) für die Überlassung von Kapital im privaten Umfeld (darauf bezieht sich unser Fall) sind zu versteuern.

Lösung des Falls 8: Richard muss auf die von Dennis gezahlten Zinsen nach § 2 Abs. 1 Nr. 5 i.V.m. § 20 Abs. 1 Nr. 7 S. 1 EStG Einkommensteuer zahlen. Zu versteuern sind aber nur die von Dennis gezahlten Zinsen. Der jeweilige Tilgungsanteil ist daher aus der monatlichen Gesamtrate von 600 € herauszurechnen. Richard hat die Zinsen in seiner jährlichen Einkommensteuererklärung anzugeben (§ 32d Abs. 3 EStG). Das Finanzamt wird als pauschale Werbungskosten (= durch die Vergabe des Darlehens veranlasste Aufwendungen) von den Zinseinnahmen den Sparer-Pauschbetrag von 801 € abziehen (§ 20 Abs. 9 EStG). Dieser Abzug ist davon unabhängig, ob Richard tatsächlich höhere, niedrigere oder (wie wahrscheinlich ist) gar keine Ausgaben im Zusammenhang mit dem Darlehen hatte. Der Sparer-Pauschbetrag wird lediglich insoweit nicht abgezogen, wie Richard ihn bereits für andere Einnahmen aus Kapitalvermögen „verbraucht" hat.

Auf den Saldo aus Zinseinnahmen und Sparer-Pauschbetrag wendet das Finanzamt den besonderen Steuersatz an, den § 32d Abs. 1 S. 1 EStG für Einkünfte aus Kapitalvermögen anordnet. Dieser Steuersatz beträgt 25 %. Die so berechnete Steuer wird durch den Solidaritätszuschlag um 5,5 % erhöht. Die sich ergebende Steuer muss Richard zusätzlich zu der Steuer auf etwaige übrige Einkünfte zahlen (für diese findet nicht ein fixer Steuersatz Anwendung, sondern der progressive Tarif gemäß § 32a EStG).

Im Ergebnis besteuert damit der Großvater Richard die vereinnahmten Zinsen mit nur 25 % + SolZ; der Enkel Dennis setzt die gezahlten Zinsen dagegen als Werbungskosten von seinen Einnahmen aus Vermietung und Verpachtung ab (§ 9 Abs. 1 S. 3 Nr. 1 EStG) und erzielt daraus einen Steuervorteil in Höhe seines persönlichen Steuersatzes von bis zu 45 % + SolZ (§ 32a EStG).

Der Finanzverwaltung war eine solche „Steuersatzspreizung" früher ein Dorn im Auge. Sie ging daher davon aus, dass die Abgeltungsteuer bei Darlehen unter Angehörigen keine Anwendung finde. Sie berief sich dafür auf § 32d Abs. 2 S. 1 Nr. 1 Buchst. a EStG. Der Abgeltungsteuersatz gilt danach nicht, wenn Gläubiger und Schuldner „nahestehende Personen" seien. Der Bundesfinanzhof hat dieser Praxis der Finanzverwaltung jedoch eine Absage erteilt (BFH, 29.4.2014, VIII R 9/13 u.a.). Die Finanzverwaltung hat ihre Praxis daher jüngst umgestellt. Bloße familiäre Bindungen führen nun nicht mehr zum Ausschluss der Abgeltungsteuer (s. im Einzelnen Fall 24 unten).

Abschließend ein Hinweis zur Kapitalertragsteuer: Dennis als Darlehensnehmer wird davon absehen, von den an Richard gezahlten Zinsen Kapitalertragsteuer einzubehalten und an das Finanzamt abzuführen. Kapitalertragsteuer auf Zinsen ist nach § 43 Abs. 1 S. 1 Nr. 7 EStG nämlich nur in bestimmten Fällen einzubehalten, insbesondere, wenn Banken Zinsen zahlen. Weil der Abzug von Kapitalertragsteuer unterbleibt, muss Richard die vereinnahmten Zinsen in seiner Einkommensteuererklärung angeben (s. § 32d Abs. 3 EStG, der auch ausdrücklich die Anwendung des „Abgeltungsteuersatzes" anordnet).

Leitsatz 8

Besteuerung von Zinsen

Zinsen sind als **Einkünfte aus Kapitalvermögen** zu versteuern (§ 20 Abs. 1 Nr. 7 S. 1 EStG). Das gilt auch dann, wenn kein Finanzdienstleister beteiligt ist, sondern ein Darlehen im privaten Kreis gewährt worden ist.

Allerdings müssen nur **Finanzdienstleister** wie Banken Kapitalertragsteuer für Ihre Darlehnsnehmer an das Finanzamt **abführen**. Private Darlehnsgeber sind davon frei.

Fall 9

Richard aus dem vorangegangen Fall hat einen weiteren Enkel – Andreas –, dem er ebenfalls ein verzinsliches Darlehen von 100.000 € gegeben hat. Leider läuft Andreas sein Leben völlig aus dem Ruder, er meldet Insolvenz an und kann seinem Großvater keinen Cent zurückzahlen. Richard möchte wissen, ob er diesen Darlehensausfall steuerlich „nutzen" kann, etwa durch Verrechnung mit anderen (positiven) Einkünften. Richard hatte schließlich vor fünf Jahren eine Unternehmensanleihe mit einer Laufzeit von zehn Jahren gekauft, die mit 5 % p.a. verzinst war.

Diese Anleihe hat Richard wegen des zwischenzeitlich gesunkenen Zinsniveaus mit hohem Kursgewinn verkauft. Auch insoweit fragt Richard nach den Steuerfolgen.

Wie ausgeführt, erfasst § 20 Abs. 1 EStG die laufenden Erträge aus Kapitalvermögen (insbesondere Zinsen und Gewinnausschüttungen). § 20 Abs. 2 EStG erfasst dagegen (positive wie negative) Erträge der Vermögensebene, also vor allem Erträge, die auf Veräußerungsgeschäften beruhen.

Nach § 20 Abs. 2 S. 1 Nr. 7 EStG ist steuerbar „der Gewinn aus der Veräußerung von sonstigen Kapitalforderungen jeder Art i.S.d. § 20 Abs. 1 Nr. 7 EStG". Anders ausgedrückt: Wenn die laufenden Erträge aus Kapitalanlagen § 20 Abs. 1 Nr. 7 EStG unterfallen – dies gilt insbesondere für Zinsen aus den hier behandelten zinstragenden Anlagen –, dann sind Gewinne aus der Veräußerung der Anlage selbst steuerbar nach § 20 Abs. 2 S. 1 Nr. 7 EStG. Der Begriff „Gewinn", der in § 20 Abs. 4 S. 1 EStG definiert ist, erfasst dabei – entgegen der Umgangssprache – grundsätzlich auch Verluste.

Lösung des Falls 9: Richard hat aus der Unternehmensanleihe laufende Erträge nach § 20 Abs. 1 Nr. 7 EStG erzielt. Der Veräußerungsgewinn stellt daher ebenfalls Einkünfte aus Kapitalvermögen dar (§ 20 Abs. 2 S. 1 Nr. 7 EStG). Es finden die allgemeinen Regelungen über die Besteuerung von Einkünften aus Kapitalvermögen Anwendung.

Was den Darlehensausfall betrifft, liegen die Dinge komplizierter. Zwar sind nach § 20 Abs. 2 S. 1 Nr. 7 EStG grundsätzlich sowohl positive Einkünfte (Gewinne im eigentlichen Sinne) als auch negative Einkünfte („negative Gewinne" = Verluste) steuerbar. § 20 Abs. 2 S. 1 Nr. 7 EStG setzt – wie die anderen Tatbestände des § 20 Abs. 2 EStG – aber eine „Veräußerung" voraus, die bei einem bloßen Darlehensausfall nicht vorliegt. Zwar gilt als „Veräußerung" nach § 20 Abs. 2 S. 2 EStG u.a. auch „die Einlösung, Rückzahlung [oder] Abtretung" – auch davon lässt sich aber nicht sprechen, wenn ein Darlehen vom Schuldner schlicht nicht zurückgezahlt wird. Die Finanzverwaltung geht demgemäß davon aus, dass der bloße Ausfall eines dem Privatvermögen zuzuordnenden Darlehens nicht steuerbar sei (BMF-Schreiben zur Abgeltungsteuer, Rn. 60). Daran wird Kritik geübt, die Praxis muss sich darauf aber einstellen.

Praxistipp: *Als Gestaltung kommt in Betracht, eine (fast) wertlose Darlehensforderung nicht schlicht „abzuschreiben", sondern sie sehr günstig zu verkaufen und so eine „Veräußerung" i.S.d. § 20 Abs. 2 S. 1 Nr. 7 EStG herbeizuführen. Die Finanzverwaltung würde eine entsprechende Gestaltung vermutlich missbilligen und dagegen womöglich das Argument eines Gestaltungsmissbrauchs (§ 42 AO) ins Feld führen. Ein Vorgehen dagegen vor Gericht erschiene nach gegenwärtigem Stand aber nicht aussichtslos.*

Exkurs: *Eine gewisse – negative – Prominenz erlangte der Fall „German Pellets". Anleger, darunter viele Kleinanleger, hatten dem Unternehmen u.a. über bösennotierte Anleihen einen dreistelligen Millionenbetrag geliehen. Solche „Mittelstandsanleihen" waren eine Zeit lang extrem beliebt. German Pellets kam in eine Schieflage, die Anleihen wurden dadurch fast wertlos. Anlegern wurde empfohlen, die Anleihen bei einem Börsenkurs nahe Null lieber zu verkaufen als auf die Insolvenz zu warten, um so wenigstens den Veräußerungsverlust steuerlich geltend machen zu können.*

Exkurs: *Der Katalog des § 20 Abs. 2 EStG ist zwar weit – Erträge aus Kapitalanlagen sollen möglichst lückenlos besteuert werden. Mit der lückenlosen Erfassung ist es allerdings nicht weit her, was Verluste (negative Einkünfte) aus Kapitalanlagen angeht. Der Gesetzgeber denkt hier offensichtlich profiskalisch.*

Leitsatz 9

Besteuerung der Veräußerungsgeschäfte

Auch Veränderungen auf der Vermögensebene unterfallen den Einkünften aus Kapitalvermögen. Erfasst werden **positive wie negative Erträge** der Vermögensebene, also vor allem Erträge, die auf **Veräußerungsgeschäften** beruhen. Diese werden in § 20 Abs. 2 EStG in vielen Unterpunkten konkret definiert.

Lektion 5: Aktien, GmbH-Beteiligungen und Genussrechte

Aktien

▬ Fall 10

Herr Kostolany aus Nürnberg hat im Jahr 01 über die Börse Aktien der BMW AG erworben. Die BMW AG hat im Juni 03 eine Dividende an Kostolany gezahlt (Ausschüttung eines Teils des Bilanzgewinns des Geschäftsjahres 02 an die Aktionäre). Im September 03 hat Kostolany die Hälfte der Aktien mit einem hohen Kursgewinn verkauft. Die verbliebenen Aktien befinden sich am Jahresende 03 noch – nach wie vor mit hohen Kursgewinnen – in seinem Wertpapierdepot. Hat Kostolany im Jahr 03 Einkünfte aus Kapitalvermögen (§ 20 EStG) erzielt?

Exkurs: Die Jahresbezeichnungen „01, 02, 03 ..." stehen wie in vielen Fachbüchern nicht für das Jahr 2001 und Folgejahre, sondern stets für fiktive Kalenderjahre, in denen das aktuell geltende Steuerrecht Anwendung findet.

Bei der Besteuerung von Kapitalgesellschaften (vor allem AG und GmbH) und deren Gesellschaftern ist deutlich zwischen Gesellschafts- und Gesellschafterebene zu unterscheiden (Trennungsprinzip). Zunächst hat die Kapitalgesellschaft ihr Einkommen selbst zu versteuern, und zwar mit Körperschaftsteuer (15%) nebst SolZ (5,5% der Körperschaftsteuer). Daneben fällt regelmäßig Gewerbesteuer an, die – abhängig vom Hebesatz der jeweiligen Kommune – zumeist etwa 14 bis 17% beträgt. Der Anfall dieser Steuern ist unabhängig davon, ob die Gesellschaft erwirtschaftete Gewinne ausschüttet oder einbehält („thesauriert").

Die Besteuerung auf Gesellschafterebene hängt dagegen wesentlich davon ab, ob Gewinne ausgeschüttet werden oder nicht.

▶ Eine Ausschüttung (Zahlung einer Dividende) führt zu Einkünften aus Kapitalvermögen (§ 20 Abs. 1 Nr. 1 EStG). Diese entstehen (erst) im Jahr des Zuflusses der Gewinnausschüttung, nicht bereits in dem Jahr, in dem die ausgeschütteten Gewinne erwirtschaftet worden sind.

▶ Werden entstandene Gewinne dagegen nicht ausgeschüttet, sondern in einen Gewinnvortrag oder eine Gewinnrücklage eingestellt (Thesaurierung von Gewinnen), erzielt der Aktionär zunächst keine Einkünfte (weder in dem Veranlagungszeitraum, in dem der Gewinn entstanden ist, noch im Veranlagungszeitraum der Beschlussfassung über die Thesaurierung).

Weitere Einkünfte aus Kapitalvermögen erzielt ein Aktionär, wenn er Aktien veräußert (§ 20 Abs. 2 Nr. 1 EStG; Besteuerung der Vermögensebene). Abhängig davon, ob ein Gewinn oder ein Verlust erzielt wird, entstehen positive oder negative Einkünfte aus Kapitalvermögen. Positive Einkünfte muss der Aktionär versteuern, negative Einkünfte (Verluste) kann er nach § 20 Abs. 6 S. 5 EStG nur mit etwaigen Gewinnen aus anderen Aktienveräußerungen verrechnen.

Von Veräußerungsgewinnen sind Kursgewinne zu unterscheiden, die noch nicht durch die Veräußerung von Aktien realisiert worden sind, sondern die den Aktionär als „bloße Buchgewinne" auf seinem Depotauszug erfreuen. Solche nicht realisierten Gewinne lösen keine Einkommensteuer aus.

Als Lösung des Falls 10 muss Kostolany daher nur die vereinnahmte Dividende versteuern sowie die durch Veräußerung realisierten Kursgewinne. Die noch nicht durch Veräußerung realisierten Kursgewinne stellen keine steuerbaren Einkünfte dar.

Leitsatz 10

Besteuerung von Aktieninvestments

Wer in Aktien investiert, muss nur vereinnahmte **Dividenden** und durch Veräußerung **realisierte Kursgewinne** versteuern, noch **nicht** durch Veräußerung realisierte Kursgewinne dagegen nicht.

 Fall 11

Kostolany (s. Fall 10) ist erstaunt. Er hatte einmal gehört, dass Veräußerungsgewinne bei Aktien nie zu versteuern seien, wenn nur die Aktien länger als ein Jahr gehalten worden seien (die so genannte „Spekulationsfrist"). Was hat es damit auf sich?

Lektion 5: Aktien, GmbH-Beteiligungen und Genussrechte

Nach dem geltenden Recht, in Kraft seit dem 1. Januar 2009, greift der Fiskus auf jeden Veräußerungsgewinn aus Aktien zu, unabhängig davon, wie lange die Aktien gehalten worden sind (§ 20 Abs. 2 Nr. 1 EStG, oben dargestellt). Das war früher anders. Bis einschließlich 2008 blieben Gewinne aus Aktienveräußerungen in weitem Umfang steuerfrei. Sie waren nicht in § 20 EStG a.F. geregelt, sondern nur zu versteuern, wenn sie sonstige Einkünfte i.S.d. § 22 Nr. 2 i.V.m. § 23 Abs. 1 S. 1 Nr. 2 S. 1 EStG darstellten. Das setzte voraus, dass der Zeitraum zwischen Anschaffung und Veräußerung der Aktie(n) nicht mehr als ein Jahr betrug. Die Veräußerung von Aktien nach Ablauf dieser „Spekulationsfrist" blieb steuerfrei.

Die frühere Regelung hat heute noch eine gewisse Relevanz, weil es einen Bestandsschutz für Aktien gibt, die ein Anleger bis einschließlich 31. Dezember 2008 erworben hat. Aufgrund der Übergangsregelung in § 52 Abs. 28 S. 11 EStG können solche Aktien heute steuerfrei veräußert werden. Die seit 2009 geltende Neuregelung, die alle Veräußerungsgewinne aus Aktien erfasst, gilt für vor 2009 erworbene Aktien nämlich nicht. Die früher geltende „Spekulationsfrist" von einem Jahr ist heute nicht mehr relevant, da diese bei vor 2009 erworbenen Aktien längst abgelaufen ist.

Exkurs: *Während es eine „Spekulationsfrist" für die hier behandelten Kapitalanlagen nicht mehr gibt, existiert eine solche Frist u.a. für direkte Investments in Immobilien immer noch: Wer eine Immobilie erwirbt und sie im Privatvermögen hält (dies schließt Einkünfte aus Vermietung und Verpachtung nicht aus), hat einen Veräußerungsgewinn nach einer Haltefrist von zehn Jahren nicht zu versteuern; bei Nutzung zu eigenen Wohnzwecken sind die Fristen sogar kürzer (§§ 22 Nr. 2, 23 Abs. 1 S. 1 Nr. 1 EStG).*

Lösung des Falls 11: Wer Aktien nach 2008 erworben hat, profitiert von der früheren Regelung zur Besteuerung von Veräußerungsgewinnen (Stichwort: „Spekulationsfrist") nicht mehr, weil diese heute nur noch Bedeutung für vor 2009 erworbene Aktien hat (Bestandsschutz). Bei nach 2008 erworbenen Aktien ist jeder Veräußerungsgewinn zu versteuern, unabhängig von der Haltedauer.

Leitsatz 11

Frühere Spekulationsfrist und Bestandsschutz

Veräußerungsgewinne aus **nach 2008** erworbenen Aktien sind unabhängig von der Haltedauer zu versteuern. Gewinne aus **vor 2009** erworbenen Aktien, die heute durch Veräußerung realisiert werden, sind dagegen nicht zu versteuern. Damals galt eine „Spekulationsfrist" von einem Jahr, die heute abgelaufen ist.

FIFO-Methode

 Fall 12

Bernard hat in seinem Depot 30 Xenos-Aktien. Davon hat er 15 Stück im Jahr 01 und 15 Stück im Jahr 04 erworben. Im Jahr 05 verkauft Bernard zehn Aktien mit einem Gewinn. Die Aktien der Xenos AG sind – wie bei großen Aktiengesellschaften üblich – nicht einzeln verbrieft. Vielmehr ist über sämtliche Aktien lediglich eine Globalurkunde ausgestellt worden, die sich bei einem Zentralverwahrer (der Clearstream Banking AG) in Girosammelverwahrung befindet. Die Aktionäre verfügen über ihre Miteigentumsanteile an der Globalurkunde, indem sie Depotguthaben übertragen. Welche Aktien hat Bernard für steuerliche Zwecke veräußert – die „älteren", die „jüngeren" oder „teils, teils"?

§ 20 Abs. 4 S. 7 EStG schreibt für die Fälle der Sammelverwahrung vertretbarer Wertpapiere aus Gründen einer nachvollziehbaren Berechnung die FIFO-Methode (first in first out) als Verwertungsreihenfolge vor. Es gelten also – ohne Wahlrecht des Anlegers – die zuerst angeschafften Wertpapiere als zuerst veräußert. Aus Anlegersicht kann diese Regelung je nach Einzelfall erfreuliche oder unerfreuliche Folgen haben:

▶ Die FIFO-Methode ist im Hinblick auf vor 2009 erworbene Aktien vorteilhaft. Gewinne aus der Veräußerung solcher Aktien sind nach der Bestandsschutzregelung (s.o.) steuerfrei.

▶ Im Übrigen wirkt sich die FIFO-Regelung für die Anleger im Zweifel eher nachteilig aus, weil Aktienkurse im langfristigen Durchschnitt steigen.

Lösung des Falls 12: Nach § 20 Abs. 4 S. 7 EStG gelten die zuerst angeschafften Wertpapiere als zuerst veräußert. Im Fall gelten für steuerliche Zwecke also (ausschließlich) die im Jahr 01 erworbenen Aktien als veräußert.

> **Leitsatz 12**
>
> **FIFO bei sammelverwahrten Wertpapieren**
>
> Bei sammelverwahrten Wertpapiere ist nach § 20 Abs. 4 S. 7 EStG die FIFO-Methode (**first in first out**) anzuwenden. Es ist also zu unterstellen, dass die zuerst angeschafften Wertpapiere auch zuerst veräußert worden sind.

Einlagekonto

Fall 13

Herr Baruch hält 100 Aktien der Drillisch AG. Diese schüttet eine Dividende von insgesamt 1,70 € aus, davon 1,14 € „steuerfreie Leistung aus dem steuerlichen Einlagekonto (§ 27 KStG)" und 0,56 € „ordentliche Dividende". Herr Baruch möchte wissen, ob er die Dividende versteuern muss.

Dividenden einer Aktiengesellschaft sind grundsätzlich Einkünfte aus Kapitalvermögen i.S.v. § 20 Abs. 1 Nr. 1 S. 1 EStG. Eine Ausnahme davon gilt jedoch nach § 20 Abs. 1 Nr. 1 S. 3 EStG für Ausschüttungen, soweit diese aus dem steuerlichen Einlagekonto i.S.v. § 27 KStG stammen.

Das steuerliche Einlagekonto wird außerhalb der Bilanz einer Kapitalgesellschaft nur für steuerliche Zwecke geführt. Darauf werden gem. § 27 Abs. 1 S. 1 KStG alle offenen und verdeckten Einlagen erfasst mit Ausnahme der Einlagen, die in das gezeichnete Kapital (Nennkapital, Stammkapital) der Gesellschaft erbracht werden. Die Summe aus gezeichnetem Kapital und steuerlichem Einlagekonto gibt Auskunft über die im Eigenkapital enthaltenen Einlagen. Sinn des steuerlichen Einlagekontos ist es, die Rückzahlung dieser Einlagen nicht der Steuer zu unterwerfen.

Bei Gewinnausschüttungen ist danach zwischen der Ausschüttung von Erträgen (steuerbar) und der Ausschüttung von Einlagen (nicht steuerbar nach § 20 Abs. 1 Nr. 1 S. 3 EStG) zu unterscheiden. Nach § 27 Abs. 1 S. 3 KStG gelten vorrangig (ohne Wahlrecht) alle Erträge als ausgeschüttet, nämlich das Eigenkapital abzüglich des gezeichneten Kapitals und des steuerlichen Einlagekontos (sog. ausschüttbarer Gewinn).

Lösung des Falls 13: Dem Sachverhalt ist zu entnehmen, dass für die Ausschüttung von 1,70 € nur zum kleineren Teil ein ausschüttbarer Gewinn zur Verfügung stand (0,56 € „ordentliche Dividende"). Dabei handelt es sich um steuerbare Einkünfte aus Kapitalvermögen (§ 20 Abs. 1 Nr. 1 S. 1 EStG). Zum größeren Teil stammt die Dividende aus dem steuerlichen Einlagekonto (1,14 €). Insoweit handelt es sich um die Rückzahlung von nicht in das Grundkapital der Drillisch AG geleisteten Einlagen. Diese Rückzahlung ist nach § 20 Abs. 1 Nr. 1 S. 3 EStG nicht steuerbar. Dabei spielt keine Rolle, dass (aller Wahrscheinlichkeit nach) nicht Herr Baruch persönlich die Zahlung in das Eigenkapital der Drillisch AG geleistet hat, die dem positiven Bestand des steuerlichen Einlagekontos zugrunde lag. Von einem steuerlichen Einlagekonto profitieren alle Gesellschafter unterschiedslos.

Dem Vorteil der nicht steuerbaren Ausschüttung steht bei Herrn Baruch (später) ein steuerlicher Nachteil gegenüber. Die Rückzahlung von Einlagen mindert die Anschaffungskosten der Beteiligung des Gesellschafters. Im Falle einer späteren Veräußerung stehen dem Veräußerungspreis geringere Anschaffungskosten gegenüber. Daraus ergibt sich ein höherer zu versteuernder Veräußerungsgewinn.

Leitsatz 13

Steuerliches Einlagekonto

Das steuerliche Einlagekonto wird nur für steuerliche Zwecke geführt. Darauf verbucht eine Kapitalgesellschaft alle offenen und verdeckten Einlagen mit Ausnahme der Einlagen, die in das gezeichnete Kapital der Gesellschaft erbracht werden. Sinn des steuerlichen Einlagekontos ist es, die **Rückzahlung** dieser Einlagen **nicht** der Steuer zu unterwerfen. Vorrangig gilt im Falle einer Ausschüttung allerdings (ohne Wahlrecht) der sog. ausschüttbare Gewinn als ausgeschüttet. Ist der Betrag einer Ausschüttung höher als der ausschüttbare Gewinn, und ist ein steuerliches Einlagekonto vorhanden, ist die Ausschüttung insoweit nicht steuerbar.

GmbH-Beteiligungen

Fall 14

Frau Schaeffler hat im Jahr 01 Geschäftsanteile von 2% an der Schlansky GmbH für 20.000 € erworben. Sie verkauft ihre Beteiligung im Jahr 03 für 30.000 €. Wie ist der Verkauf steuerlich zu beurteilen? Solidaritätszuschlag und Kirchensteuer sind nicht zu beachten.

Die Veräußerung von GmbH-Anteilen fällt wie die Veräußerung von Aktien unter § 20 Abs. 2 Nr. 1 EStG. Grundsätzlich entstehen daher Einkünfte aus Kapitalvermögen, auf die der Sparer-Pauschbetrag von 801 €/1.602 € Anwendung findet (§ 20 Abs. 9 S. 1 EStG), und die nach § 32d EStG dem speziellen Steuersatz von 25% unterliegen.

Für relevante Beteiligungen i.S.d. § 17 EStG gilt allerdings eine spezielle Regelung. Die Beteiligung muss dafür einen bestimmten Umfang haben (oder in den letzten fünf Jahren gehabt haben): § 17 EStG unterfällt eine Beteiligungen an einer GmbH oder AG, wenn „der Veräußerer innerhalb der letzten fünf Jahre am Kapital der Gesellschaft unmittelbar oder mittelbar zu mindestens 1% beteiligt war". In diesen Fällen ordnet § 17 EStG an, dass ein Veräußerungsgewinn zu den Einkünften aus Gewerbebetrieb (§ 15 EStG) gehört. Diese Einkunftsart ist gegenüber den Einkünften aus Kapitalvermögen vorrangig (§ 20 Abs. 8 S. 1 EStG).

Frau Schaeffler war in unserem Fall innerhalb der letzten fünf Jahre zu mindestens 1% (nämlich mit 2%) unmittelbar am Kapital der Schlansky GmbH beteiligt. Sie hat daher durch die Veräußerung keine Einkünfte aus Kapitalvermögen erzielt, sondern gewerbliche Einkünfte nach §§ 17, 15 EStG. Das hat folgende Konsequenzen: Zunächst finden der Sparer-Pauschbetrag und das Verbot des Abzuges der tatsächlichen Werbungskosten (§ 20 Abs. 9 EStG) keine Anwendung. Zudem gilt nicht der spezielle Steuersatz des § 32d EStG, sondern der allgemeine – progressive – Tarif nach § 32a EStG (höchstens 45%). Begünstigt wird der veräußernde Gesellschafter aber durch das Teileinkünfteverfahren: Er muss nach § 3 Nr. 40 c) S. 1 i.V.m. § 3c Abs. 2 EStG nicht den gesamten Veräußerungsgewinn versteuern, sondern nur 60% davon.

Auch bei relevanten Beteiligungen i.S.d. § 17 EStG unterfallen die laufenden Erträge (Gewinnausschüttungen, Dividenden) übrigens § 20 EStG

(Einkünfte aus Kapitalvermögen). Nur die Veräußerungsgewinne werden durch § 17 EStG in gewerbliche Einkünfte umqualifiziert.

Lösung des Falls 14: Frau Schaeffler hat einen Veräußerungsgewinn (Veräußerungspreis abzüglich Anschaffungskosten, § 17 Abs. 2 S. 1 EStG) von 10.000 € erzielt. Nach dem Teileinkünfteverfahren muss sie davon nur 60%, also 6.000 €, als gewerbliche Einkünfte (§ 17, 15 EStG) versteuern. Es findet der allgemeine – progressive – Tarif nach § 32a EStG Anwendung. Unterstellt, Frau Schaeffler unterliegt dem Spitzensteuersatz („Reichensteuer") von 45%, muss sie auf den Veräußerungsgewinn 2.700 € Einkommensteuer zahlen.

Leitsatz 14

Relevante Beteiligungen (§ 17 EStG)

Bei **Relevanten Beteiligungen** an Kapitalgesellschaften (**mindestens 1%** in den letzten **fünf Jahren**) werden:

▶ **Gewinnausschüttungen** (wie bei kleineren Beteiligungen) als **Einkünfte aus Kapitalvermögen** besteuert (§ 20 EStG).

▶ **Veräußerungsgewinne** als **gewerbliche Gewinne** behandelt. Statt der Abgeltungsteuer gilt das **Teileinkünfteverfahren**. Es erfolgt eine Anwendung des progressiven Steuertarifs **auf 60%** des Veräußerungsgewinns (§ 17 EStG).

Genussrechte

Fall 15

Frau Gates hat in der Berliner U-Bahn Werbung für Genussrechte der Olivo AG gesehen. Die Olivo AG wirbt mit einem „sicheren Investment" in griechische Olivenhaine und einer jährlichen Verzinsung von 6%. Frau Gates möchte wissen, worum es bei einem Genussrecht zivilrechtlich geht. Außerdem möchte sie wissen, ob und wie Erträge aus Genussrechten zu versteuern sind.

Exkurs: *Die finanzielle Schieflage der Prokon-Gruppe, über die ausführlich in den Medien berichtet worden ist, hat Investments in Genussrechten zu großer – wenn auch negativer – Bekanntheit verholfen. Die Prokon-Gruppe hatte mit hohem Werbeaufwand Anleger dazu veranlasst,*

Genussrechte zu zeichnen. Die Gesellschaft, die in erneuerbare Energien investierte, kam in erhebliche finanzielle Schwierigkeiten. Die Anleger mussten um ihre Investments fürchten.

Worum geht es bei Genussrechten? Genussrechte sind Finanzierungsinstrumente, die Charakteristika sowohl von Eigen- als auch Fremdkapital aufweisen. Wegen dieses „hybriden" Charakters sind Genussrechte den „hybriden Finanzierungen" oder „Mezzanine-Finanzierungen" zuzuordnen.

Der Zeichner eines Genussscheins überlässt der Emittentin (also der Gesellschaft, die den Genussschein ausgibt) Kapital, das die Emittentin grundsätzlich zurückzahlen muss.

Als Gegenleistung erhält der Investor regelmäßig – wie bei einem Darlehen oder einer Anleihe – eine Verzinsung, aber keine Mitbestimmungsrechte. Abweichend von einer Darlehens- oder Anleiheverzinsung ist die Verzinsung eines Genussrechts nicht garantiert, sondern ergebnisabhängig.

So sehen Genussrechtsbedingungen etwa häufig vor, dass die Verzinsung entfällt, soweit dadurch ein Jahresfehlbetrag der Emittentin entstehen würde. Das ist aus Anlegersicht riskant. Das Risiko steigt noch dadurch, dass das Genussrechtskapital regelmäßig an Verlusten teilnimmt – bei Verlusten der Emittentin also „in sich zusammenschmilzt". Im Gegenzug erhalten die Anleger (wenn es gut läuft) eine hohe Verzinsung (geworben wird häufig mit 6 oder 8 %).

Die Emittentin nimmt diese hohen Finanzierungskosten in Kauf, weil sie nur anfallen, wenn es dem Unternehmen gut geht (nämlich Gewinne erwirtschaftet werden), und weil das Bilanzrecht unter bestimmten Voraussetzungen den Ausweis der Genusskapitals als Eigenkapital (nicht als Verbindlichkeit) erlaubt. Das erhöht die Eigenkapitalquote der Emittentin.

Steuerlich führen Bezüge aus Genussrechten beim Anleger regelmäßig zu Einkünften aus Kapitalvermögen (§ 20 Abs. 1 Nr. 1 oder 7 EStG) – mit allen sich daraus ergebenden Folgen.

Lösung des Falls 15: Die Genussrechte führen bei Frau Gates zu Einkünften aus Kapitalvermögen (§ 20 Abs. 1 Nr. 1 oder 7 EStG). Frau Gates profitiert also, wenn sie einen Genussschein der Olivo AG zeichnet, vom Sparer-Pauschbetrag (801 €), kann aber etwaige tatsächliche Werbungskosten nicht abziehen (§ 20 Abs. 9 EStG). Zudem gilt der spezielle Steuersatz von 25% (§ 32d EStG).

Leitsatz 15

Genussrechte

Genussrechte sind **schuldrechtliche Finanzierungsinstrumente**, die meist eine gewinnabhängige Vergütung für den Kapitalgeber (Anleger) vorsehen. Bezüge aus Genussrechten gehören beim Anleger regelmäßig zu den Einkünften aus **Kapitalvermögen** (§ 20 Abs. 1 Nr. 1 oder 7 EStG).

Lektion 6: Investmentfonds

Fall 16
Herr Paulson will in Immobilien investieren, traut sich die Verwaltung aber nicht selbst zu. Sein Vermögensberater rät ihm zu Investments in „geschlossene oder offene Immobilienfonds". Herr Paulson möchte wissen, was der Unterschied zwischen diesen beiden Fondsarten ist und wie sie jeweils besteuert werden.

Exkurs: *Unter Fonds werden verschiedene Formen der gemeinschaftlichen Geldanlage und Investition verstanden, wobei die Anleger sich regelmäßig die Fähigkeiten eines professionellen Anlagemanagements zunutze machen und sich selbst von den mit der Verwaltung verbundenen Aufgaben entlasten wollen. Zudem findet häufig (nicht immer) eine Risikostreuung statt; der Anleger investiert dann trotz begrenzten Kapitaleinsatzes (anteilig) in mehrere Anlagegegenstände („nicht alle Eier in einem Korb").*

Abgrenzung der Fondsarten

Traditionell wird differenziert zwischen zwei Arten von Fonds:

- ▶ offene Fonds
- ▶ geschlossene Fonds

Offene Fonds (z.B. Aktienfonds, offene Immobilienfonds) sind von Kapitalverwaltungsgesellschaften (bekannt sind etwa DWS, Union, Pioneer, Fidelity, Templeton etc.) für Anleger verwaltete Sondervermögen. Dabei handelt es sich nicht um gesellschaftsrechtliche Beteiligungen. Bei offenen Fonds:

- ▶ können sich regelmäßig beliebig viele Anleger beteiligen
- ▶ ist die Zahl der Investitionsobjekte meist nicht beschränkt
- ▶ kann der Anteil grundsätzlich an die Kapitalverwaltungsgesellschaft zurückgegeben werden

Zudem findet häufig ein Börsenhandel in den Anteilsscheinen an offenen Fonds statt.

Geschlossene Fonds sind in Deutschland dagegen regelmäßig als Personengesellschaft aufgelegt. Der Investor wird also – unmittelbar oder mittelbar über einen Treuhänder – Gesellschafter einer Personengesellschaft (meist einer Kommanditgesellschaft), die etwa eine bestimmte Gewerbeimmobilie erwirbt, vermietet und irgendwann wieder veräußert. Geschlossene Fonds sind meist charakterisiert durch:

▶ einen begrenzten Anlegerkreis

▶ eine begrenzte Zahl von Investitionsobjekten

▶ die fehlende oder erschwerte Handelbarkeit der Fondsbeteiligungen

Wirtschaftliche Relevanz haben unter anderem geschlossene Immobilien-, Schiffs- und Medienfonds, daneben Private Equity- und Venture Capital-Fonds.

Die maßgeblichen (außersteuerlichen) Regelungen für Fonds finden sich im Kapitalanlagegesetzbuch (KAGB). Dieses erfasst (erstmals) umfassend alle „Investmentvermögen" (§ 1 Abs. 1 KAGB), also sowohl offene als auch geschlossene Fonds. Das KAGB unterscheidet zwischen OGAW-Fonds und AIF (§ 1 Abs. 2, 3 KAGB):

▶ OGAW-Fonds
Organismen für gemeinschaftliche Anlagen in Wertpapieren; darunter fallen offene Fonds, die in Wertpapiere (vor allem Aktien und Anleihen) investieren, nicht dagegen offene Immobilienfonds.

▶ AIF
Alternative Investment Fonds; darunter fallen die sog. geschlossenen Fonds und ein Teil der offenen Fonds (etwa: offene Immobilienfonds).

Die vorgenannte Unterscheidung zwischen OGAW-Fonds und AIF liegt – wie dargestellt – dem KAGB zugrunde, das regulatorische und zivilrechtliche Regelungen enthält, aber keine Steuervorschriften.

Das KAGB wird durch das Investmentsteuergesetz (InvStG) ergänzt. Hier wird es steuerlich interessant.

Für das InvStG ist nicht die Unterscheidung zwischen OGAW-Fonds und AIF zentral, sondern die Unterscheidung zwischen:

- ▶ Investmentfonds und
- ▶ Investitionsgesellschaften

▶ Investmentfonds ist ein Investmentvermögen (OGAW oder AIF), das die in § 1 Abs. 1b InvStG geregelten Anlagevoraussetzungen erfüllt. Dort ist insbesondere geregelt, dass Anleger das Recht haben müssen, ihre Beteiligung mindestens einmal pro Jahr zurückzugeben oder zu kündigen („liquides" Investment). Die traditionell als offene Aktien-, Renten oder Immobilienfonds bezeichneten Investmentvermögen sind daher steuerlich Investmentfonds (§ 1 Abs. 1b InvStG).

Kurz: Offene Fonds sind klassische Investmentfonds

▶ Investmentvermögen, die keine Investmentfonds im vorgenannten Sinne sind, sind Investitionsgesellschaften (§ 1 Abs. 1c InvStG). Darunter fallen etwa geschlossene Immobilien- oder Schiffsfonds, bei denen eine Rückgabe der Anteile gerade nicht vorgesehen ist.

Kurz: Geschlossene Fonds unterfallen regelmäßig der Kategorie der Investitionsgesellschaften.

Investitionsgesellschaften

Die unterschiedliche Besteuerung von Investmentfonds (offen) und Investitionsgesellschaften (geschlossen) soll hier am Beispiel von Immobilienfonds erläutert werden. Sinnvollerweise fangen wir mit den Investitionsgesellschaften an.

Für die Besteuerung von Personen-Investitionsgesellschaften (etwa: geschlossener Immobilienfonds in der Rechtsform der KG) verweist § 18 InvStG auf die „allgemeinen steuerrechtlichen Regelungen". Es finden also die allgemeinen Grundsätze der Besteuerung von Personengesellschaften Anwendung.

Das bedeutet, dass die Fondsgesellschaft als solche weder der Einkommen-, noch der Körperschaftsteuer unterliegt. Besteuert werden vielmehr die Anleger (Gesellschafter). Sie erzielen meist Einkünfte aus Vermietung und Verpachtung (§ 21 EStG), seltener gewerbliche Einkünfte (§ 15 EStG). Der allgemeine – progressive – Steuertarif des § 32a EStG findet Anwendung (keine Abgeltungsteuer). Das Prinzip, nach dem die Anleger – und nicht die Fondsgesellschaft selbst – zur Steuer herangezogen werden, wird als transparente Besteuerung der Personengesellschaften bezeichnet. Die transparente Besteuerung hat den Vorteil, dass die Anleger etwaige Verluste (die häufig in einer Anlaufphase entstehen) in Grenzen mit ihren übrigen Einkünften verrechnen können.

Eine umfassende Darstellung der Besteuerung von Personengesellschaften findet sich in unserer BLAUEN SERIE im Buch „Die Besteuerung der Personengesellschaften – *leicht gemacht*®".

Investmentfonds

Offene Immobilienfonds werden dagegen nicht nach allgemeinen Regelungen besteuert, sondern nach speziellen investmentsteuerlichen Vorschriften (Abschnitte 1 bis 3 sowie 5 InvStG, s. § 1 Abs. 1b) InvStG). Auch hier verfolgt der Gesetzgeber allerdings ein Transparenzprinzip (investmentsteuerliches Transparenzprinzip):

▶ Nach § 11 Abs. 1 S. 2 InvStG ist der Fonds selbst von Körperschaft- und Gewerbesteuer befreit.

▶ Besteuert werden nur die Anleger. Diese erzielen nach § 2 Abs. 1 S. 1 InvStG sowie § 8 Abs. 5 S. 1 InvStG – anders als bei geschlossenen Immobilienfonds – nicht Einkünfte aus Vermietung und Verpachtung (§ 21 EStG), sondern Einkünfte aus Kapitalvermögen (§ 20 EStG). Als Folge gilt vor allem der besondere Steuersatz von 25%; Verluste des Anlegers können allerdings nur eingeschränkt verrechnet werden (§ 20 Abs. 6 EStG). Weitere Einzelheiten der Besteuerung offener Investmentfonds behandelt der folgende Fall.

Lösung des Fall 16: Die wesentlichen Unterschiede zwischen geschlossenen und offenen Fonds sind der folgenden Übersicht zu entnehmen.

Übersicht 4: Geschlossene Fonds / Offene Fonds

	Geschlossene Fonds	Offene Fonds
Zivilrecht	Personengesellschaften	Von Kapitalverwaltungsgesellschaften verwaltete Sondervermögen
Besteuerung ist geregelt ...	§ 18 InvStG: allgemeine Besteuerung der Personengesellschaften	Spezielle investmentsteuerliche Regelungen (Abschnitte 1 bis 3 sowie 5 InvStG, s. § 1 Abs. 1b) InvStG).
Besteuerung des Fondsvehikels	Keine Besteuerung der Personengesellschaft (Transparente Besteuerung von Personengesellschaften)	Keine Besteuerung des Sondervermögens (Investmentsteuerliches Transparenzprinzip), § 11 Abs. 1 S. 2 InvStG
Besteuerung des Anlegers	Einkünfte je nach Investment: Einkünfte aus Kapitalvermögen, § 20 EStG (z.B.: vom Fonds vereinnahmte Zinsen) oder aus Vermietung und Verpachtung, § 21 EStG (z.B.: Mieteinnahmen)	Stets Einkünfte aus Kapitalvermögen, unabhängig von Investment (§ 2 Abs. 1 S. 1 sowie § 8 Abs. 5 S. 1 InvStG)

Ausschüttende und thesaurierende Fonds

Fall 17

Herr Paulson hat sich entschlossen, in einen offenen Immobilienfonds zu investieren. Sein Bankberater empfiehlt ihm einen „ausschüttenden" und alternativ einen „thesaurierenden" Fonds. Herr Paulson fragt nach den Unterschieden in der Besteuerung.

Wie oben dargestellt, sind die Erträge aus Investmentfonds regelmäßig Einkünfte aus Kapitalvermögen (§ 20 EStG). Für die Besteuerung ist insbesondere die Unterscheidung zwischen ausschüttenden und thesaurierenden relevant:

▶ Ausschüttende Fonds schütten erwirtschaftete Erträge an die Anleger aus. Dies geschieht meist einmal im Jahr. Mit Vornahme der Ausschüttung sinkt der Wert des Fondsvermögens und entsprechend der Wert der Fondsanteile.

▶ Thesaurierende Fonds legen zugeflossene Erträge dagegen wieder an. Die Anleger profitieren also nicht von periodischen Ausschüttungen, sondern davon, dass der Wert ihrer Anteile (wenn alles gut läuft) stetig wächst und nicht durch Ausschüttungen gemindert wird.

Was zunächst die Besteuerung der Erträge ausschüttender Fonds angeht, liegt für den Laien die Vorstellung nahe, der Anleger habe die gesamte ihm vom Fonds zufließende Ausschüttung zu versteuern (nicht mehr, nicht weniger). Dies ist aber nicht der Fall. Nach § 1 Abs. 3 InvStG ist vielmehr zu unterscheiden zwischen der „Ausschüttung" und den „ausgeschütteten Erträgen". Als Einkünfte aus Kapitalvermögen sind die ausgeschütteten Erträge zu erfassen, nicht die Ausschüttung (§ 2 Abs. 1 S. 1 InvStG).

▶ Ausschüttungen sind die dem Anleger tatsächlich gezahlten oder gutgeschriebenen Beträge einschließlich der einbehaltenen Kapitalertragsteuer (§ 1 Abs. 3 S. 1 InvStG).

▶ Ausgeschüttete Erträge sind dagegen die von einem Investmentfonds zur Ausschüttung verwendeten Kapitalerträge, Erträge aus der Vermietung und Verpachtung von Grundstücken und grundstücksgleichen Rechten, sonstige Erträge und Gewinne aus Veräußerungsgeschäften (§ 1 Abs. 3 S. 2 InvStG).

Der ausgeschüttete Ertrag weicht dabei regelmäßig von der Ausschüttung ab, weil das Investmentsteuerrecht zahlreiche Hinzurechnungen und Minderungen regelt. Der ausgeschüttete Ertrag, den der Anleger zu versteuern hat, kann also sowohl höher als auch niedriger sein als die Ausschüttung.

Welche (den Anlegern zuzurechnenden) Erträge ein Fonds erwirtschaftet hat, ist auf Fondsebene nicht etwa durch Bilanzierung zu ermitteln, sondern durch Ermittlung des Überschusses der Einnahmen über die Werbungskosten (s. § 3 Abs. 1 InvStG, der auf § 2 Abs. 2 S. 1 Nr. 2 EStG verweist). Der Fonds grenzt Erträge und Aufwendungen also nicht nach Bilanzierungsgrundsätzen periodisch ab, sondern wendet das Zu- und Abflussprinzip an, wenn auch mit Modifikationen (§ 3 Abs. 2 InvStG). Besonders anspruchsvoll ist die Ermittlung der abzuziehenden Werbungskosten, insbesondere derjenigen Kosten, die nicht in unmittelbarem Zusammenhang mit bestimmten Einnahmen stehen (§ 3 Abs. 3 InvStG).

Auch die Erträge thesaurierender Fonds sind vom Anleger (teilweise) zu versteuern, obwohl hier ein Cash-Zufluss beim Anleger – vor Veräußerung der Fonds-Anteile – gerade nicht stattfindet. Denn nach § 2 Abs. 1 S. 1 InvStG führen neben den „ausgeschütteten Erträgen" (s.o.) auch die in § 1 Abs. 3 S. 3 InvStG definierten „ausschüttungsgleichen Erträge" zu Einkünften aus Kapitalvermögen. Ausschüttungsgleiche Erträge sind dabei nicht alle thesaurierten Erträge eines Fonds.

▶ Von den ausschüttungsgleichen Erträgen erfasst sind insbesondere vereinnahmte Zinsen, Dividenden und inländische Mieten.

▶ Nicht erfasst sind dagegen insbesondere Aktienveräußerungsgewinne. Solche Gewinne werden erst erfasst, wenn Anleger Fondsanteile veräußern, indem sie dann den zu versteuernden Veräußerungsgewinn erhöhen.

Ausschüttungsgleiche Erträge gelten als dem Anleger am Ende des Fondsgeschäftsjahres zugeflossen (§ 2 Abs. 1 S. 2 InvStG). Erträge gelten dabei als thesauriert, wenn nicht binnen vier Monaten nach Ende des Geschäftsjahres die Ausschüttung beschlossen worden ist (§ 1 Abs. 3 S. 5 InvStG).

Praxistipp: Inländische depotführende Banken führen Kapitalertragsteuer nicht nur auf ausgeschüttete Erträge, sondern auch auf ausschüttungsgleiche Erträge ab. Bei ausschüttungsgleichen Erträgen kommt es allerdings gerade nicht zu einer Auszahlung vom Fonds über die Bank an den Anleger; es gibt daher keinen Kapitalfluss, von dem die Kapitalertragsteuer „abgezweigt" werden könnte. Stattdessen zahlen die Fonds nur die zur Steuerzahlung benötigten Beträge an die Banken (sog. Steuerliquidität), die daraus die Kapitalertragsteuer zahlen. Dies gilt allerdings nur für im Inland aufgelegte Fonds.

Praxistipp: *Bei einem ausländischen thesaurierenden Fonds muss der Anleger ausschüttungsgleiche Erträge dagegen in seiner Einkommensteuererklärung angeben.*

Veräußert ein Anleger seinen Anteil an einem Investmentfonds, führt der Veräußerungsgewinn oder -verlust nach § 8 Abs. 5 S. 1 InvStG wiederum zu Einkünften aus Kapitalvermögen (§ 20 EStG). Hier ist zu beachten, dass in der Vergangenheit erzielte und vom Fonds thesaurierte Erträge zu einer Erhöhung des Veräußerungsgewinns führen. Soweit diese thesaurierten Erträge bereits als ausschüttungsgleiche Erträge versteuert worden sind (s.o.), muss eine Doppelbesteuerung vermieden werden. § 8 Abs. 5 S. 3 InvStG schreibt daher vor, dass der zu versteuernde Veräußerungserlös um die während der Besitzzeit des Anlegers als zugeflossen geltenden ausschüttungsgleichen Erträge zu mindern ist.

Praxistipp: *Die dargestellte Verrechnung – Abzug versteuerter ausschüttungsgleicher Erträge bei der Berechnung des Veräußerungsgewinns – wird nicht schon von den Banken bei der Berechnung der Kapitalertragsteuer durchgeführt. Der Anleger selbst muss sich im Rahmen seiner Einkommensteuererklärung darum kümmern, indem er entsprechende Angaben in der Anlage KAP macht.*

Die dargestellten Grundsätze zur Besteuerung ausgeschütteter und ausschüttungsgleicher Erträge finden nur Anwendung, wenn der Fonds den umfangreichen Bekanntmachungspflichten gemäß § 5 InvStG nachkommt (insoweit ist von „transparenten Fonds" die Rede).

Bei „intransparenten Fonds", die den Bekanntmachungspflichten nicht nachkommen, unterliegen die Anleger dagegen einer Pauschalbesteuerung gemäß § 6 InvStG. Danach sind mindestens 6% des letzten im Kalenderjahr festgesetzten Rücknahmepreises anzusetzen – selbst dann, wenn der Fonds Verluste erwirtschaftet hat. Weil diese „Strafsteuer" vor allem ausländische Fonds trifft, hat der EuGH jüngst einen Verstoß der Regelung gegen die Kapitalverkehrsfreiheit festgestellt (EuGH, Urt. v. 9.10.2014, Rs. C-326/12). Die Finanzverwaltung weicht daher bei ausländischen Fonds neuerdings von den strengen Anforderungen des § 5 InvStG ab.

Lösung des Falls 17: Ausschüttende und thesaurierende Fonds werden ähnlich besteuert, indem sowohl ausgeschüttete Erträge als auch ausschüttungsgleiche Erträge Einkünfte aus Kapitalvermögen darstellen. Gewinne aus Anteilsveräußerungen sind ebenfalls als Einkünfte aus Kapitalvermögen zu versteuern. Damit versteuerte ausschüttungsgleiche Erträge bei der Anteilsveräußerung nicht erneut steuerlich erfasst werden, sind sie bei der Ermittlung des Veräußerungsgewinns in Abzug zu bringen.

Übersicht 5: Besteuerung von Fonds

Investmentsteuerliches Transparenzprinzip	Der Fonds selbst ist von Körperschaft- und Gewerbesteuer befreit. Besteuert werden nur die Anleger, die – unabhängig davon, welche Investments der Fonds tätigt – Einkünfte aus Kapitalvermögen erzielen.
Ausschüttung	Ausschüttungen sind die dem Anleger tatsächlich gezahlten oder gutgeschriebenen Beträge einschließlich der einbehaltenen Kapitalertragsteuer.
Ausgeschüttete Erträge	Ausgeschüttete Erträge sind dagegen die von einem Investmentfonds zur Ausschüttung verwendeten Kapitalerträge, Erträge aus der Vermietung und Verpachtung von Grundstücken und grundstücksgleichen Rechten, sonstige Erträge und Gewinne aus Veräußerungsgeschäften. Die ausgeschütteten Erträge, nicht die Ausschüttungen, stellen Einkünfte aus Kapitalvermögen dar.
Ausschüttungsgleiche Erträge	Ausschüttungsgleiche Erträge sind bestimmte (nicht alle) nicht ausgeschüttete (also thesaurierte) Erträge eines Fonds. Darunter fallen insbesondere nicht ausgeschüttete vereinnahmte Zinsen, Dividenden und inländische Mieten. Auch ausschüttungsgleiche Erträge führen zu Einkünften aus Kapitalvermögen.
Veräußerungsgewinn	Schließlich hat ein Anleger auch Gewinne aus der Veräußerung von Anteilsscheinen als Erträge aus Kapitalvermögen zu versteuern. Versteuerte ausschüttungsgleiche Erträge sind bei der Ermittlung des Veräußerungsgewinns in Abzug zu bringen, um eine doppelte Besteuerung zu vermeiden.

Lektion 7: Lebensversicherungen

Fall 18

Herr Otte überlegt, eine Kapital-Lebensversicherung bei der Allianz als Altersvorsorge abzuschließen. Er möchte wissen, wie eine solche Versicherung besteuert wird, und zwar sowohl in der Einzahlungsphase als auch der Auszahlungsphase.

Lebensversicherungen werden in vielen Spielarten angeboten. Die diversen Produkte werden unterschiedlich besteuert. Die steuerliche Gesamtbeurteilung kann sich nicht auf die Besteuerung in der Auszahlungsphase beschränken. Ebenso wichtig ist, ob der Versicherungsnehmer in der Einzahlungsphase begünstigt wird, indem gezahlte Prämien als Sonderausgaben das zu versteuernde Einkommen – also die Bemessungsgrundlage der Einkommensteuer – reduzieren.

Die wichtigsten Versicherungsprodukte zur Vorsorge für das Alter sind:

▶ Risiko-Lebensversicherungen

▶ Leibrentenversicherungen

▶ Riester-Renten

▶ Kapitallebensversicherungen

„Alte" Kapitallebensversicherungen (vor 2005)
„Neue" Kapitallebensversicherungen (ab 2005)

Sie werden im Einzelnen wie folgt besteuert.

Risiko-Lebensversicherungen

Reine Risikoversicherungen sehen nur für den Todesfall eine Leistung vor.

▶ Beiträge dazu sind nach § 10 Abs. 1 Nr. 3a) EStG als Sonderausgaben abzugsfähig (allerdings nur im Rahmen der

Höchstbeträge gemäß § 10 Abs. 4 EStG, in die bestimmte andere Vorsorgeaufwendungen eingerechnet werden).

▶ Die Erträge aus reinen Risikoversicherungen sind steuerfrei (sie werden insbesondere nicht von § 20 Abs. 1 Nr. 6 EStG erfasst).

Leibrentenversicherungen

Reine Leibrentenversicherungen sehen lebenslange Rentenzahlungen vor. Es gilt eine nachgelagerte Besteuerung: Der Steuerpflichtige zieht in der Erwerbsphase geleistete Beiträge (in bestimmten Grenzen) von der Bemessungsgrundlage der Einkommensteuer ab. Im Gegenzug hat er in der Ruhestandsphase Erträge zu versteuern:

▶ Beiträge zu Leibrentenversicherungen sind unter den Voraussetzungen des § 10 Abs. 1 Nr. 2 lit. b) EStG (sog. Basisrente oder Rürup-Rente) als Sonderausgaben abziehbar. Voraussetzung dafür ist insbesondere, dass der Vertrag ausschließlich die Zahlung einer monatlichen lebenslangen Leibrente im Alter vorsieht (keine Kapitalisierung), und dass das Altersvorsorgeprodukt zertifiziert ist. Für den Abzug gelten die in § 10 Abs. 3 EStG geregelten Höchstbeträge, in die bestimmte andere Vorsorgeaufwendungen eingerechnet werden, und die derzeit jährlich steigen.

▶ In der Auszahlungsphase liegen keine Einkünfte aus Kapitalvermögen vor. Die Erträge sind vielmehr nur nach Maßgabe von § 22 Nr. 1 S. 3 lit. a) aa) EStG als sonstige Einkünfte zu versteuern. Bis einschließlich 2039 ist danach nur ein Teil der Rente zu versteuern. Dieser Teil steigt bis 2039 für jeden neuen Jahrgang von Rentenbeziehern (Phase des Übergangs zur vollständigen nachgelagerten Besteuerung). Anders als Einkünfte aus Kapitalvermögen (§ 20 EStG) unterliegen sonstige Einkünfte (§ 22 EStG) nicht der Abgeltungsteuer, sondern dem progressiven Tarif (§ 32a EStG).

Riester-Renten

Ähnlich wie die vorstehend behandelte Basisrente, nämlich nachgelagert, werden die sog. Riester-Renten besteuert.

Die Riester-Renten sind – wie die Basisrente – ein Instrument der privaten kapitalgedeckten Altersvorsorge. Als solches sollen sie die gesetzliche Rentenversicherung und etwaige Betriebsrenten ergänzen. Anreize zum Riester-Sparen in der Ansparphase sind eine Altersvorsorgezulage (§§ 79 ff. EStG) und ein Sonderausgabenabzug nach § 10a EStG.

In der Auszahlungsphase richtet sich die Besteuerung nach § 22 Nr. 5 EStG. Auch die Riester-Renten führen also im Alter nicht zu Einkünften aus Kapitalvermögen (keine Abgeltungsteuer), sondern zu sonstigen Einkünften (§ 22 EStG), die dem progressiven Tarif unterliegen (§ 32a EStG).

Exkurs: *Die Namensgebung geht auf den damals verantwortlichen Bundesarbeitsminister Walter Riester zurück.*

Kapitallebensversicherungen

Kapitallebensversicherungen verbinden Risikovorsorge (Absicherung für den Todesfall) und Sparen. Bei der steuerlichen Behandlungen ist zwischen „alten" (vor 2005 abgeschlossenen) und „neuen" Versicherungen zu unterscheiden.

„Alte" Kapitallebensversicherungen (vor 2005)

Kapitallebensversicherungen, die vor 2005 abgeschlossen worden sind, sind unter bestimmten Voraussetzungen steuerlich begünstigt, indem für sie das „alte" Besteuerungsregime fortgilt.

▶ Beiträge sind (im Rahmen von Höchstbeträgen) als Sonderausgaben abziehbar (§ 10 Abs. 1 Nr. 3a EStG). Der Sonderausgabenabzug gilt für neue Kapitallebensversicherungen nicht mehr (s.u.).

▶ Die Erträge aus „alten" Kapitallebensversicherungen sind (weiterhin) steuerfrei (§ 52 Abs. 28 S. 5 EStG n.F. i.V.m. § 20 Abs. 1 Nr. 6 EStG in der am 31.12.2004 geltenden Fassung).

Die Steuerfreiheit gilt – in Grenzen – auch, wenn bei Vertragsabschluss Beitragsanpassungen vereinbart worden sind.

„Neue" Kapitallebensversicherungen (ab 2005)

„Neue" Kapitallebensversicherungen – also solche Versicherungen, die nach dem 31. Dezember 2004 abgeschlossen worden sind – werden steuerlich wie folgt behandelt:

- Die Beiträge sind nicht als Sonderausgaben abzugsfähig. Darin liegt ein Nachteil gegenüber der Besteuerung der vor 2005 abgeschlossenen Versicherungen.

- Die Erträge aus einer Kapitalauszahlung sind nach § 20 Abs. 1 Nr. 6 EStG Einkünfte aus Kapitalvermögen, die grundsätzlich der Abgeltungsteuer unterliegen (Einzelheiten dazu sogleich).

Die wichtigsten Grundsätze zur Besteuerung von seit 2005 abgeschlossenen Kapital-Lebensversicherungen sind wie folgt zusammenzufassen:

- Die Besteuerung der Erträge nach § 20 Abs. 1 Nr. 6 EStG (Einkünfte aus Kapitalvermögen) greift nur, wenn der Versicherte die Kapitalauszahlung wählt. Soweit die Versicherung dagegen eine lebenslange Rente zahlt, liegen keine Einkünfte aus Kapitalvermögen vor, sondern sonstige Einkünfte i.S.d. § 22 Nr. 1 S. 3 lit a) bb) EStG.

- Nach § 20 Abs. 1 Nr. 6 EStG als Einkünfte aus Kapitalvermögen einkommensteuerpflichtig ist der Unterschiedsbetrag zwischen der Summe der entrichteten Versicherungsprämien und der Versicherungsleistung (Sparanteile). Soweit die Auszahlung der Versicherungsleistung also lediglich die Rückzahlung der eingezahlten Beiträge darstellt, ist sie nicht steuerpflichtig.

- Auf die so ermittelten Einkünfte aus Kapitalvermögen findet grundsätzlich der besondere Steuersatz des § 32d Abs. 1 S. 1 EStG (25 %) Anwendung.

- Hat der Versicherte allerdings im Zeitpunkt der Auszahlung das 60. Lebensjahr vollendet (für Vertragsabschlüsse nach dem 31.12.2011 das 62. Lebensjahr) und bestand der Versicherungsvertrag mindestens zwölf Jahre, wird nur die Hälfte des Unterschiedsbetrages bei den Einkünften aus Kapitalvermögen erfasst; die andere Hälfte ist steuerfrei (§ 20 Abs. 1 Nr. 6 S. 2 EStG). Der Abgeltungsteuersatz in

Höhe von 25% gilt dann allerdings nicht (§ 32d Abs. 2 Nr. 2 EStG). So wird eine doppelte Begünstigung verhindert.

Kapitalertragsteuer wird bei den zuletzt behandelten „neuen" Versicherungen übrigens auf den vollen Ertrag erhoben, auch wenn nach der 12-Jahres-Regelung nur der halbe Ertrag zu versteuern ist (§ 43 Abs. 1 S. 1 Nr. 4 S. 1 EStG). Der Versicherungsnehmer erhält die zu viel gezahlte Steuer erst im Veranlagungsverfahren zurück.

Lösung des Falls 18: Wenn Herr Otte sich für den Abschluss einer Kapital-Lebensversicherung entscheidet, sind die Beiträge dazu nicht (mehr) als Sonderausgaben abziehbar. Erträge in der Auszahlungsphase führen zu Einkünften aus Kapitalvermögen, die grundsätzlich der Abgeltungsteuer (25%) unterliegen. Bei den sog. 12-Jahres-Versicherungen wird allerdings nur die Hälfte des Sparanteils versteuert (dann aber mit dem individuellen – progressiven – Steuersatz).

Die folgende Übersicht fasst besonders wichtige Aspekte der Besteuerung von Kapitallebensversicherungen noch einmal zusammen.

Übersicht 6: Besteuerung von Kapital-Lebensversicherungen

Einzahlungs-phase	Altverträge (vor 2005)	Abzug der Beiträge als **Sonderausgaben** (mit Höchstgrenzen)
	Neuverträge (seit 2005)	Kein Abzug der Beiträge als **Sonderausgaben**
Auszahlungs-phase	Altverträge (vor 2005)	**Keine Besteuerung** der Erträge.
	Neuverträge (seit 2005)	Bei Wahl der Kapitalauszahlung kommt es zu Einkünften aus Kapitalvermögen. Besteuert wird nur der **Sparanteil**, und zwar mit dem **Abgeltungsteuersatz** (25%). Hat der Versicherte im Zeitpunkt der Auszahlung das 60./62. Lebensjahr vollendet und bestand der Versicherungsvertrag mindestens **zwölf Jahre**, ist nur die **Hälfte des Sparanteils** zu versteuern, dann allerdings nicht mit 25%, sondern nach dem progressiven Tarif.

Lektion 8: Kapitalanlagen im Betriebsvermögen

Fall 19

Weidmann ist IT-Dienstleister, erzielt also Einkünfte aus Gewerbebetrieb (§ 15 EStG). Er hat in einem Veranlagungszeitraum (Kalenderjahr) bei geringen Ausgaben hohe Einnahmen erzielt. Dadurch hat sich viel Liquidität aufgebaut, die Weidmann auf einem Tagesgeldkonto bei der Deutschen Bank „geparkt" hat. Die Deutsche Bank hat ihm dafür Zinsen gutgeschrieben. Zudem hat Weidmann in der Krise eines Wettbewerbers – der Streettech GmbH – die Chance ergriffen und die Gesellschaft (alle Geschäftsanteile) vom früheren Alleingesellschafter erworben. Der „Turnaround" war erfolgreich, schon ein Jahr nach „Übernahme" kann die Gesellschaft an Weidmann eine Gewinnausschüttung zahlen.

Wie sind beide Beträge zu versteuern?

Nicht nur „Privatanleger" halten Kapitalanlagen. Auch Gewerbetreibende, Freiberufler oder Landwirte – um nur einige Beispiele zu nennen – können im Rahmen ihrer Betriebe Kapitalanleger sein. Unser Fall 19 nennt dafür zwei typische Beispiele (verzinsliche Anlage von Geld; Beteiligung an Kapitalgesellschaften).

In diesen Fällen erklärt § 20 Abs. 8 S. 1 EStG die Einkunftsart „Kapitalvermögen" für nachrangig (subsidiär) gegenüber vier aufgeführten anderen Einkunftsarten. Soweit Einkünfte der in § 20 Abs. 1, 2, 3 EStG bezeichneten Art zu den Einkünften

- ▶ aus Land- und Forstwirtschaft (§ 13 EStG)
- ▶ aus Gewerbebetrieb (§ 15 EStG)
- ▶ aus selbständiger Arbeit (§ 18 EStG)
- ▶ aus Vermietung und Verpachtung (§ 21 EStG)

gehören, sind sie diesen Einkünften zuzurechnen. Sie sind also nicht als Einkünfte aus Kapitalvermögen zu behandeln. Zu den Konsequenzen eine Übersicht.

Übersicht 7: Subsidiäre Behandlung von Kapitaleinkünften

Die **nachrangige Behandlung** der Einkunftsart Kapitalvermögen gegenüber Land- und Forstwirtschaft (§ 13 EStG), Gewerbebetrieb (§ 15 EStG), selbständiger Arbeit (§ 18 EStG) sowie Vermietung und Verpachtung (§ 21 EStG) hat insbesondere folgende Konsequenzen:

▶ **Einkünfteermittlung:**

Einkünfte aus Kapitalvermögen werden ermittelt als Überschuss der Einnahmen über den Sparer-Pauschbetrag (§ 2 Abs. 2 Nr. 2 EStG). Ist eine Kapitalanlage dagegen nicht § 20 EStG zuzuordnen, sondern einer Gewinneinkunftsart (Land- und Forstwirtschaft, Gewerbebetrieb, selbständige Arbeit), geht das Ergebnis aus dieser Kapitalanlage in die für den jeweiligen Betrieb allgemein geltende Einkünfteermittlung ein. Es wird also regelmäßig im Rahmen einer **Steuerbilanz** oder im Rahmen einer **Einnahmen-Überschuss-Rechnung (EÜR)** berücksichtigt (§ 2 Abs. 2 Nr. 1 i.V.m. § 4 Abs. 1, 3 EStG).

▶ **Kein Sparer-Pauschbetrag**

Der **Sparer-Pauschbetrag** nach § 20 Abs. 9 S. 1 EStG findet **keine Anwendung**; auf der anderen Seite ist der Abzug der tatsächlich angefallenen Betriebsausgaben oder **Werbungskosten** nicht ausgeschlossen (§ 20 Abs. 9 S. 1 Hs. 2 EStG findet keine Anwendung). Dies kann für einen Steuerpflichtigen etwa dann **vorteilhaft** sein, wenn er die Quelle seiner Kapitaleinkünfte – etwa eine GmbH-Beteiligung oder ein Aktienpaket – fremdfinanziert hat. Die Darlehenszinsen sind dann abziehbare Betriebsausgaben oder Werbungskosten.

▶ **Ggf. Teileinkünfteverfahren**

In den Fällen des § 3 Nr. 40 EStG findet das sog. **Teileinkünfteverfahren** Anwendung. Es sind also **nur 60%** der Einnahmen aus der Kapitalanlage zu versteuern. Nach § 3c EStG sind aber auch die mit diesen Einnahmen zusammenhängenden Ausgaben nur zu 60% abziehbar (§ 3c Abs. 2 S. 1 EStG).

➡

> ▶ **Kein Abgeltungsteuersatz**
> Der Abgeltungsteuersatz von 25% findet **keine Anwendung** (dieser ist auf die Einkünfte aus Kapitalvermögen beschränkt). Vielmehr gilt der individuelle Steuersatz nach dem **progressiven Tarif** des § 32a EStG. Entsprechend hat der Abzug von Kapitalertragsteuer keine abgeltende Wirkung (§ 43 Abs. 5 S. 2 EStG). Die abgeführte Kapitalertragsteuer wird vielmehr als **Vorauszahlung** des Steuerpflichtigen auf die tarifliche Einkommen- oder Körperschaftsteuer behandelt (§ 36 Abs. 2 Nr. 2 S. 1 EStG).

Die vorgenannten Grundsätze gelten stets, wenn unbeschränkt steuerpflichtige Körperschaften i.S.v. § 1 Abs. 1 Nr. 1 bis 3 KStG Kapitalanlagen halten. Die genannten Körperschaften – insbesondere also alle AG und GmbH mit Sitz oder Geschäftsleitung im Inland – erzielen nach § 8 Abs. 2 KStG ausschließlich Einkünfte aus Gewerbebetrieb. § 20 Abs. 8 EStG, der die Subsidiarität von Einkünften aus Kapitalvermögen gegenüber Einkünften aus Gewerbebetrieb anordnet, ist damit auf diese Körperschaften stets anwendbar. Diese versteuern etwa Erträge aus einem Tagesgeldkonto stets mit dem Körperschaftsteuersatz von 15% (§ 23 Abs. 1 KStG) zzgl. SolZ. Ist Kapitalertragsteuer abgeführt worden, wird diese anteilig erstattet.

Lösung des Falls 19: Die Einnahmen, die Weidmann aus den genannten Kapitalanlagen – einem Tagesgeldkonto und einer GmbH-Beteiligung – erzielt, sind regelmäßig steuerbar nach § 20 Abs. 1 Nr. 1, 7 EStG (Einkünfte aus Kapitalvermögen). Weidmann hält die Anlagen allerdings im Rahmen seines Gewerbebetriebes (§ 15 EStG). Nach § 20 Abs. 8 S. 1 EStG (Subsidiarität des § 20 EStG) fließen die genannten Einnahmen daher in Weidmanns Einnahmen aus Gewerbebetrieb ein. Sie sind bei der für Weidmann allgemein geltenden Einkünfteermittlung (je nach dem: Steuerbilanz oder EÜR) zu berücksichtigen.

Der Sparer-Pauschbetrag von € 801/€ 1.602 (§ 20 Abs. 9 S. 1 EStG) findet in Fall 19 keine Anwendung. Im Gegenzug ist der Abzug der tatsächlichen Betriebsausgaben, die Weidmann angefallen sind, nicht ausgeschlossen. Hat Weidmann etwa den Erwerb der Streettech GmbH durch ein Bankdarlehen finanziert, sind die Darlehenszinsen abziehbare Betriebsausgaben. Während Weidmann die Zinsen aus dem Tagesgeld vollständig versteuern muss, gilt für die Gewinnausschüttung der Streettech GmbH nach § 3 Nr. 40 S. 1 lit. d) EStG das sog. Teileinkünfteverfahren (s. auch § 3 Nr. 40 S. 2 EStG). Weidmann hat also nur 60 % der Ausschüttung zu versteuern. Auf der anderen Seite sind etwaige mit dieser Beteiligung zusammenhängende Betriebsausgaben (etwa aus einer Fremdfinanzierung) nur zu 60 % abziehbar (§ 3c Abs. 2 S. 1 EStG).

Statt des Abgeltungssteuersatz von 25 % gilt schließlich Weidmanns individueller Steuersatz nach dem progressiven Tarif des § 32a EStG. Der von den Schuldnern der Kapitalerträge vorgenommene Abzug von Kapitalertragsteuer hat keine abgeltende Wirkung; die abgeführte Kapitalertragsteuer wird als Vorauszahlung des Weidmann auf seine tarifliche Einkommensteuer behandelt.

Leitsatz 16

Subsidiarität der Einkünfte aus Kapitalvermögen

Die Einkunftsart „Einkünfte aus Kapitalvermögen" ist **nachrangig** (subsidiär) gegenüber vier vorrangigen Einkunftsarten:

- **Land- und Forstwirtschaft** (§ 13 EStG)
- **Gewerbebetrieb** (§ 15 EStG)
- **selbständige Arbeit** (§ 18 EStG)
- **Vermietung und Verpachtung** (§ 21 EStG)

Dies hat insbesondere zur **Folge**, dass sich die Art der Einkünfteermittlung ändern kann, dass der **Sparer-Pauschbetrag** von 801 €/1.602 € **nicht** gilt (Betriebsausgaben oder Werbungskosten aber auch abgezogen werden können), und dass das **Teileinkünfteverfahren** Anwendung findet. Statt des „Abgeltungssteuersatzes" von 25 % gilt der **individuelle Steuersatz** (progressiver Tarif nach § 32a EStG) bzw. bei Körperschaften der Körperschaftsteuersatz von 15 % (§ 23 Abs. 1 KStG).

III. Einkünfteermittlung und Steuersatz

Lektion 9: Ermittlung der Einkünfte und Steuersatz

Ermittlung der Einkünfte

Fall 20

Die ledige Frau Templeton hält in ihrem Privatvermögen Aktien diverser Aktiengesellschaften. Im Jahr 01 hat sie von der BMW AG, der Volkswagen AG, der Deutsche Bank AG sowie der BASF SE Bruttodividenden (also Dividenden vor Berücksichtigung von Kapitalertragsteuer und Solidaritätszuschlag darauf) von je 10.000 € erhalten. An Ausgaben im Zusammenhang mit den Beteiligungen sind 200 € für Depotgebühren und insgesamt 2.200 € für Reisen zu Hauptversammlungen angefallen. Zudem hatte Frau Templeton zur Finanzierung eines Teils der Aktien ein Darlehen aufgenommen. Dafür hat sie im Jahr 01 Zinsen von 2.500 € gezahlt.

Wie hoch sind die Einkünfte Frau Templetons aus Kapitalvermögen?

Wie oben ausgeführt, kennt das Einkommensteuerrecht sieben Einkunftsarten (§ 2 Abs. 1 EStG). Die Einkünfte werden nicht in allen Einkunftsarten auf dieselbe Weise ermittelt.

Vielmehr werden die sieben Einkunftsarten durch § 2 Abs. 2 S. 1 EStG in zwei Gruppen aufgeteilt, nämlich die Gewinneinkünfte und die Überschusseinkünfte (Dualismus der Einkunftsarten). Davon, welcher Gruppe eine Einkunftsart zugehört, hängt ab, wie die Einkünfte ermittelt werden.

Die folgende Übersicht stellt Gewinn- und Überschusseinkunftsarten gegenüber.

Übersicht 8: Gewinn- und Überschusseinkünfte

Gewinneinkünfte (§ 2 Abs. 2 Nr. 1 EStG)	Überschusseinkünfte (§ 2 Abs. 2 Nr. 2 EStG: alle anderen Einkunftsarten)
Land- und Forstwirtschaft (§ 13 EStG)	Nichtselbständige Arbeit (§ 19 EStG)
Gewerbebetrieb (§§ 15 ff. EStG)	**Kapitalvermögen (§ 20 EStG)**
Selbständige Arbeit (§ 18 EStG)	Vermietung und Verpachtung (§ 21 EStG)
	Sonstige Einkünfte i.S.d. § 22 EStG

Die Unterscheidung zwischen Überschuss- und Gewinneinkünften ist – unter anderem – von Bedeutung für die Ermittlung der Einkünfte:

▶ Überschusseinkünfte werden ermittelt, indem der Überschuss der Einnahmen (§ 8 EStG) über die Werbungskosten (das sind die durch die Einkünfteerzielung veranlassten Aufwendungen, §§ 9, 9a EStG) berechnet wird. Dabei geht es im Wesentlichen um eine reine Cash-Rechnung (§ 9 EStG regelt aber einige Ausnahmen).

▶ Gewinneinkünfte werden dagegen regelmäßig durch Bilanzierung ermittelt, wie sich aus §§ 2 Abs. 2 Nr. 1, 4 Abs. 1 EStG ergibt. Eine wichtige Ausnahme regelt § 4 Abs. 3 EStG mit der Einnahmen-Überschuss-Rechnung (EÜR); diese spielt vor allem für Freiberufler und kleine Gewerbetreibende eine große Rolle. Konkretes zur EÜR findet sich im Buch „EÜR – *leicht gemacht*®" aus unserer BLAUEN SERIE.

Die Überschusseinkünfte sind danach regelmäßig leichter zu ermitteln als die Gewinneinkünfte, weil eine Bilanzierung nicht nötig ist.

Die in unserem Fall von Frau Templeton gehaltenen Aktien führen zu Einkünften aus Kapitalvermögen (§ 20 Abs. 1 Nr. 1 EStG). Dabei handelt es sich nach der Einteilung in § 2 Abs. 2 S. 1 EStG um eine

Überschusseinkunftsart. Einkünfte sind danach grundsätzlich der Überschuss der Einnahmen über die Werbungskosten. Frau Templeton sind insgesamt Werbungskosten von 4.900 € entstanden (siehe Sachverhalt).

§ 2 Abs. 2 S. 2 EStG enthält allerdings eine Ausnahmeregelung. Bei Einkünften aus Kapitalvermögen tritt danach im Regelfall die Regelung in § 20 Abs. 9 EStG an die Stelle der §§ 9, 9a EStG. Es sind also nicht die tatsächlichen Werbungskosten abzuziehen, sondern der in § 20 Abs. 9 S. 1, 2 EStG geregelte Sparer-Pauschbetrag von 801 €/1.602 €.

Den Sparer-Pauschbetrag erhalten alle Anleger unterschiedslos. Die Regelung bedeutet einen Vorteil für Anleger ohne oder mit nur geringen tatsächlichen Werbungskosten. Anleger mit hohen tatsächlichen Werbungskosten bleiben dagegen „auf diesen sitzen". Darin liegt eine Einschränkung des objektiven Nettoprinzips, das für die Einkünfteermittlung sonst gilt. Es besagt, dass Erwerbsaufwendungen zur Steuerermittlung von den Erwerbseinnahmen abzuziehen sind. Anders ausgedrückt, greift der Fiskus danach im Steuerwege grundsätzlich nur auf den Saldo (den Gewinn) zu, der einem Steuerpflichtigen nach Abzug aller Kosten verbleibt. Die Ausnahme vom objektiven Nettoprinzip für Einkünfte aus Kapitalvermögen wird vom Gesetzgeber mit dem geringeren Steuersatz gerechtfertigt, der nach § 32d EStG Abs. 1 EStG für diese Einkünfte regelmäßig gilt (25%).

Exkurs: Ausgelöst durch Entscheidungen der EZB und ein extrem niedriges Zinsniveau wird die Frage diskutiert, wie steuerlich mit „negativen Zinsen" umzugehen ist: Wie wirkt es sich steuerlich aus, wenn ein Anleger für der Bank überlassenes Geld nicht nur keine Zinsen bekommt, sondern er sogar weniger Geld zurückerhält als er der Bank überlassen hat? Die Finanzverwaltung bezog zügig Position, und zwar zu Ungunsten der Steuerpflichtigen: Wirtschaftlich gesehen handele es sich bei negativen Zinsen um eine Art Verwahr- oder Einlagegebühr. Diese sei bei den Einkünften aus Kapitalvermögen vom Verbot des Abzuges der tatsächlichen Werbungskosten (§ 20 Abs. 9 EStG) erfasst (BMF-Schreiben vom 27. Mai 2015). Der Anleger kann den Verlust danach nicht steuerlich geltend machen.

Lösung des Falls 20: Unter Berücksichtigung der Regelung zum Sparer-Pauschbetrag (§ 2 Abs. 2 S. 2 i.V.m. § 20 Abs. 9 S. 1 EStG) sind Frau Templetons Einkünfte im Fall wie folgt zu berechnen:

Einnahmen	40.000 €
./. Sparer-Pauschbetrag	./. 801 €
= **Einkünfte aus Kapitalvermögen**	**39.199 €**

> ## Leitsatz 17
> **Sparer-Pauschbetrag**
>
> Einkünfte aus Kapitalvermögen sind **Überschusseinkünfte**. Bei ihrer Ermittlung ist die Besonderheit zu beachten, dass von den erzielten Einnahmen nicht die tatsächlich entstandenen Werbungskosten abzuziehen sind, sondern stets der **Sparer-Pauschbetrag**. Er beträgt 801 € bzw. 1.602 € bei zusammenveranlagten Ehegatten und Partnern einer eingetragenen Lebenspartnerschaft.

Fall 21

Frau Zuckerberg veräußert ihre Aktien der SAP AG (keine relevante Beteiligung i.S.d. § 17 EStG). Der Verkaufspreis beträgt € 3.000. Frau Zuckerberg hatte die Aktien für € 1.500 gekauft. Die comdirect Bank AG als depotführende Bank von Frau Zuckerberg hat ihr bei Erwerb und Veräußerung der Aktien jeweils Wertpapierabrechnungen erteilt. Darin waren eigene Entgelte der comdirect (Provisionen) sowie Fremdgebühren (XETRA, Clearstream) von insgesamt jeweils € 20 ausgewiesen. (Hinweis: Tatsächlich sind die entsprechenden Gebühren zumeist variabel und vom Ordervolumen abhängig; davon wird hier zur Vereinfachung abgewichen).

Wie hoch sind die Einkünfte Frau Zuckerbergs aus den Veräußerungen?

Einkünfte aus Kapitalvermögen (§ 20 Abs. 1 Nr. 1 EStG) sind, wie ausgeführt, Überschusseinkünfte (§ 2 Abs. 2 S. 1 Nr. 2 EStG), die nach der Spezialregelung in § 2 Abs. 2 S. 2 EStG regelmäßig als Überschuss der Einnahmen über den Sparer-Pauschbetrag ermittelt werden. Für die in § 20 Abs. 2 EStG geregelten Einkünfte aus Kapitalvermögen (vor allem Veräußerungsgewinne) gilt allerdings eine Besonderheit. Die Vorschrift knüpft in allen Tatbeständen an einen „Gewinn" an. Das ist bemerkenswert, gehören die Einkünfte aus Kapitalvermögen doch gerade nicht zu den Gewinn-, sondern zu den Überschusseinkünften (s.o.). Statt von „Gewinn" sollte der Gesetzgeber im Rahmen des § 20 EStG also zutreffend von „Überschuss" reden.

Was „Gewinn" i.S.d. § 20 Abs. 2 EStG bedeutet, richtet sich nicht nach dem Gewinnbegriff der §§ 4 ff. EStG, auf den § 2 Abs. 2 S. 1 Nr. 2 EStG für die Gewinneinkünfte verweist. Vielmehr enthält § 20 Abs. 4 EStG eine eigenstände Definition des Gewinnbegriffs für Zwecke des § 20 Abs. 2 EStG. Gewinn ist danach „der Unterschied zwischen den Einnahmen aus der Veräußerung nach Abzug der Aufwendungen, die im unmittelbaren sachlichen Zusammenhang mit dem Veräußerungsgeschäft stehen, und den Anschaffungskosten".

Der Begriff der Anschaffungskosten entspricht dem des § 6 EStG und des § 255 Abs. 1 HGB und umfasst damit auch Anschaffungsnebenkosten (§ 255 Abs. 1 S. 2 HGB). Die Anschaffungskosten für die SAP-Aktien belaufen sich damit im Fall auf 1.520 €. Von dem Veräußerungspreis von 3.000 € sind die „Aufwendungen, die im unmittelbaren sachlichen Zusammenhang mit dem Veräußerungsgeschäft stehen", abzuziehen, hier also die Veräußerungskosten von 20 €. Die Abzugsfähigkeit dieser Aufwendungen stellt eine Ausnahme von der Regel dar, dass Werbungskosten bei den Einkünften aus Kapitalvermögen grundsätzlich nicht abziehbar sind, sondern ausschließlich der Sparer-Pauschbetrag angesetzt wird (§ 20 Abs. 9 EStG).

Lösung des Falls 21: Aktienveräußerungen führen zu Einkünften aus Kapitalvermögen (§ 20 Abs. 2 S. 1 Nr. 1 EStG). Der Gewinn aus der Veräußerung berechnet sich wie folgt:

Veräußerungspreis	3.000 €
./. Veräußerungskosten	./. 20 €
./. Anschaffungskosten	./. 1.520 €
= Veräußerungsgewinn (§ 20 Abs. 4 EStG)	**1.460 €**
./. Sparer-PB (soweit nicht anderweitig „verbraucht")	./. 801 €
= Einkünfte (§ 20 Abs. 2 S. 1 Nr. 7 EStG)	**= 659 €**

Nach § 32d Abs. 2 S. 1 EStG ist der Abgeltungsteuersatz von 25 % anzuwenden.

Exkurs: *Wäre Frau Zuckerberg im Sinne des § 17 Abs. 1 EStG „relevant" an der SAP AG beteiligt gewesen, fände das Teileinkünfteverfahren Anwendung. Frau Zuckerberg müsste dann 60 % des Veräußerungsgewinns mit ihrem persönlichen Steuersatz (§ 32a EStG) versteuern. Der Sparer-Pauschbetrag käme nicht zur Anwendung.*

Leitsatz 18

Ermittlung des Veräußerungsgewinns

Der nach § 20 Abs. 2 S. 1 EStG steuerbare „Gewinn" aus der Veräußerung von Kapitalanlagen berechnet sich als Differenz zwischen den Einnahmen aus der Veräußerung nach Abzug der Aufwendungen, die im unmittelbaren sachlichen Zusammenhang mit dem Veräußerungsgeschäft stehen, und den Anschaffungskosten (§ 20 Abs. 4 S. 1 EStG).

Kirchensteuer

 Fall 22

Der in Frankfurt a.M. wohnende Herr Dow hält Aktien an einer im Ausland ansässigen Kapitalgesellschaft. Wie hoch ist der Steuersatz im Falle einer Dividende von 10.000 €, die die Gesellschaft an Herrn Dow auszahlt, wenn dieser Kirchensteuer zahlt? Herr Dow soll den Sparer-Pauschbetrag anderweitig „verbraucht" haben, dieser ist also nicht zu berücksichtigen.

Der besondere Steuersatz, den § 32d Abs. 1 S. 1 EStG für Einkünfte aus Kapitalvermögen anordnet, beträgt regelmäßig 25 % des Kapitalertrags. Derselbe Steuersatz gilt nach § 43a Abs. 1 S. 1 EStG regelmäßig für den Kapitalertragsteuerabzug. Dieser Gleichlauf ermöglicht die abgeltende Wirkung des Steuerabzugs (§ 43 Abs. 5 S. 1 EStG, Abgeltungsteuer).

Eine Besonderheit gilt bei Kirchensteuerpflicht. Nach § 32d Abs. 1 S. 3 EStG ermäßigt sich hier die Einkommensteuer um 25 % der auf die Kapitalerträge entfallenden Kirchensteuer.

Die Kirchensteuer beträgt ihrerseits entweder 8 % (Bayern, Baden-Württemberg) oder 9 % (alle anderen Bundenländer) der (reduzierten) Einkommensteuer. Diese Regelungen haben folgenden Hintergrund:

▶ Die Kirchensteuer ist – wie der Solidaritätszuschlag – eine Zuschlagsteuer (§ 51a EStG), also eine Steuer, die nach der Einkommensteuer bemessen wird.

▶ Die Kirchensteuer beträgt je nach Bundesland 8 % oder 9 % der Einkommensteuer.

▶ Gezahlte Kirchensteuer ist aber regelmäßig als Sonderausgabe abziehbar (§ 10 Abs. 1 Nr. 4 EStG). Im Jahr der Zahlung reduziert sich also die Bemessungsgrundlage für die Einkommensteuer um die gezahlte Kirchensteuer.

Beispiel: Für Steuerberater Jones, der in Frankfurt a. M. wohnt und ausschließlich Einkünfte aus selbständiger Arbeit erzielt (§ 18 EStG), ermittelt das Finanzamt im Veranlagungsverfahren für das Jahr 01 eine Einkommensteuer von 100.000 €. Diese Steuer zuzüglich Kirchensteuer von 9.000 € zahlt Jones im Jahr 02. Im Jahr der Zahlung (02) ist der als Kirchensteuer gezahlte Betrag als Sonderausgabe abziehbar. Unterstellt, Herr Jones hätte ohne diesen Abzug ein zu versteuerndes Einkommen von 110.000 €, ergibt sich unter Berücksichtigung des Sonderausgabenabzugs ein zu versteuerndes Einkommen von nur 101.000 €. Jones spart dadurch im Jahr 02 Einkommensteuer von (42 % * 9.000 €) = 3.780 €. Entsprechend geringer fallen im Jahr 02 die Zuschlagsteuern Solidaritätszuschlag und Kirchensteuer aus. Effektiv ist mit der Kirchensteuer also keine Mehrbelastung von 8 % oder 9 % (gemessen an der Einkommensteuer) verbunden, sondern eine geringere Mehrbelastung.

Die dargestellten Regelungen gelten im Veranlagungsverfahren, wenn der progressive Tarif (§ 32a EStG) Anwendung findet. Im Rahmen der Kapitalertragsteuer, aber auch bei der Anwendung des Abgeltungsteuersatzes in der Veranlagung (etwa nach § 32d Abs. 3 EStG), gelten dagegen abweichende Vorschriften, die wirtschaftlich ein ähnliches Ergebnis herstellen. Hier findet ein reduzierter Steuersatz Anwendung. Dafür entfällt der Sonderausgabenabzug (§ 10 Abs. 1 Nr. 4 EStG).

Der reduzierte Steuersatz beträgt 25 % abzüglich 25 % der auf die Kapitalerträge entfallenden Kirchensteuer (§ 32d Abs. 1 S. 3, 43a Abs. 1 S. 2 EStG). Es gilt also folgende Formel (§ 32d Abs. 1 S. 4, 5 EStG ohne Berücksichtigung ausländischer Steuer):

$$\text{Reduzierte Steuer} = \frac{e}{4+k}$$

Dabei sind „e" die Einkünfte aus Kapitalvermögen (bzw. der dem Abzug unterliegende Kapitalertrag) und „k" ist der geltende Kirchensteuersatz.

Der reduzierte Steuersatz beträgt damit

▶ in Bayern und Baden-Württemberg (8 % Kirchensteuer):
(100 % ./. 4,08) = 24,51 %

▶ in allen anderen Bundesländern (9 % Kirchensteuer):
(100 % ./. 4,09) = 24,45 %

Lösung des Falls 22: Die Dividende stellt beim Aktionär Herrn Dow Einkünfte aus Kapitalvermögen nach § 20 Abs. 1 Nr. 1 EStG dar. Weil die Einkommensteuer nicht im Wege der Kapitalertragsteuer erhoben worden ist, muss Herr Dow die Dividende in seiner Einkommensteuererklärung angeben (§ 32d Abs. 3 EStG). Im Rahmen der Veranlagung findet der besondere Steuersatz des § 32d Abs. 1 EStG Anwendung.

Die Einkommensteuer auf eine Dividende von 10.000 € beträgt nach § 32d Abs. 1 S. 1 EStG regelmäßig 2.500 € (25 %). Im Falle der Kirchensteuerpflicht wird die Einkommensteuer aber reduziert um 25 % der auf den Kapitalertrag entfallenden Kirchensteuer. In Frankfurt a.M. beträgt dieser reduzierte Steuersatz nach der oben angestellten Berechnung 24,45 %. Die Einkommensteuer beträgt damit 2.445 €, die Kirchensteuer (2.445 € * 9 % =) 220,05 € und der Solidaritätszuschlag (2.445 € * 5,5 % =) 134,47 €. Die so berechnete Kirchensteuer ist nicht als Sonderausgabe abziehbar (§ 10 Abs. 1 Nr. 4 EStG); sonst würde die Kirchensteuerpflicht durch reduzierten Steuersatz und Sonderausgabenabzug doppelt berücksichtigt.

Die vorstehenden Ausführungen betreffen den besonderen (reduzierten) Steuersatz, der bei Kirchensteuerpflicht im Veranlagungsverfahren

Anwendung findet (§ 32d Abs. 1 S. 3 EStG). Oben wurde bereits darauf hingewiesen, dass die Regelung eine Parallele bei der Kapitalertragsteuer hat: Auch hier beträgt der Regelsteuersatz 25%, während bei Kirchensteuerpflicht der ermäßigte Satz von 24,51% oder 24,45% Anwendung findet (§ 43a Abs. 1 S. 2, 3 EStG). Darauf wird in diesem Buch im Abschnitt zur Kapitalertragsteuer eingegangen (s.u. Fall 36). Dort wird auch die Frage behandelt, wie die Kirchensteuer auf Kapitalerträge erhoben wird. Insbesondere wird dargestellt, dass die Banken regelmäßig mit der Kapitalertragsteuer auch darauf entfallende Kirchensteuer einbehalten und abführen (§ 51a Abs. 2, 3 EStG). Der Bankkunde kann dies verhindern, indem er gegenüber dem Bundeszentralamt für Steuern (BZSt) dem Abruf von Daten zur Religionszugehörigkeit widerspricht (§ 51a Abs. 2e EStG, sog. Sperrvermerk).

> ## Leitsatz 19
> **Abgeltungsteuer und Kirchensteuer**
>
> Der besondere Steuersatz von 25%, der auf Einkünfte aus Kapitalvermögen anwendbar ist, **reduziert** sich im Fall der Körperschaftsteuerpflicht auf 24,51% oder 24,45% (je nach Bundesland). Ein (zusätzlicher) Abzug der gezahlten Kirchensteuer als Sonderausgabe findet **nicht** statt. Die **Banken** behalten regelmäßig mit der Kapitalertragsteuer auch die darauf entfallende Kirchensteuer ein und führen sie ab.

Auslandsbezug

Fall 23

Der ledige und konfessionslose Herr Kopper aus Leipzig unterhält bei einer Bank in der Schweiz ein Wertpapierdepot, auf dem sich Crédit Suisse-Aktien befinden. Von einer Dividende von (umgerechnet) 10.000 € behält die schweizerische Bank 3.500 € (35%) Verrechnungssteuer (ähnlich der deutschen Kapitalertragsteuer) ein. Welche weiteren Steuerfolgen ergeben sich für Herrn Kopper? Sparer-Pauschbetrag und Solidaritätszuschlag sollen unberücksichtigt bleiben.

Wer als natürliche Person in Deutschland Wohnsitz oder gewöhnlichen Aufenthalt hat, ist hier unbeschränkt steuerpflichtig, muss also grundsätzlich sein gesamtes Welteinkommen in Deutschland versteuern, nicht nur Einkünfte aus deutschen Quellen. Dasselbe gilt für eine Kapitalgesellschaft mit Sitz oder Geschäftsleitung im Inland.

Bezogen auf Kapitalerträge müssen Steuerinländer danach auch solche Erträge in Deutschland versteuern, die aus ausländischen Quellen stammen. Hier stellt sich das Problem der Doppelbesteuerung, weil fast alle ausländischen Staaten auf abfließende Kapitalerträge eine Quellensteuer erheben, die der deutschen Kapitalertragsteuer ähnelt.

Regelungen zu der Frage finden sich im deutschen Steuerrecht vor allem in § 32d Abs. 1, 5 EStG und § 43a Abs. 3 S. 1 EStG.

▶ § 32d Abs. 1, 5 EStG regeln für das Veranlagungsverfahren eine Anrechnung ausländischer Quellensteuer auf die deutsche Einkommensteuer.

▶ Inländische depotführende Banken sollen die Anrechnung bereits bei Abzug der Kapitalertragsteuer vornehmen. Dies ist – durch Verweis auf § 32d Abs. 5 EStG – geregelt in § 43a Abs. 3 S. 1 EStG und wird in diesem Buch behandelt in den Fällen 37 und 38.

Zunächst zur Anrechnung ausländischer Steuern im Veranlagungsverfahren.

Nach § 32d Abs. 5 S. 1 EStG ist bei unbeschränkt Steuerpflichtigen, die mit ausländischen Kapitalerträgen in dem Staat, aus dem die Kapitalerträge stammen, zu einer der deutschen Einkommensteuer entsprechenden Steuer herangezogen werden, die auf ausländische Kapitalerträge festgesetzte und gezahlte und um einen entstandenen Ermäßigungsanspruch gekürzte ausländische Steuer, jedoch höchstens 25 % ausländische Steuer auf den einzelnen Kapitalertrag, auf die deutsche Steuer anzurechnen.

Zur Konkretisierung der Anrechnung ausländischer Steuern auf ausländische Kapitalerträge hier nun eine Übersicht.

Übersicht 9: Ausländische Steuern im Veranlagungsverfahren

Anrechnung ausländischer Steuern auf ausländische Kapitalerträge

▶ Die Anrechnung setzt voraus, dass der ausländische Staat, aus dem die Kapitalerträge stammen, auf diese eine Steuer erhebt, die **der deutschen Einkommensteuer entspricht**.

▶ Anrechenbar ist die auf ausländische Kapitalerträge
  – **festgesetzte**
  – **gezahlte**
  – um einen **entstandenen Ermäßigungsanspruch gekürzte**

  ausländische Steuer. Dass ausländische Steuer festgesetzt ist, genügt also nicht für eine Anrechnung; die Steuer muss auch bereits gezahlt sein. Umgekehrt steht schon das Bestehen eines Ermäßigungsanspruches der Anrechnung entgegen; ob der Steuerpflichtige diesen bereits geltend gemacht hat (oder ob er ihn noch geltend machen kann), spielt keine Rolle.

▶ **Höchstens anrechenbar** ist jedoch „**25% ausländische Steuer** auf den einzelnen Kapitalertrag". Eine ausländische Quellensteuer, die höher ist als 25%, führt insoweit also nicht zu einer Anrechnung.

▶ Nach § 32d Abs. 5 S. 3 EStG sind zudem „die ausländischen Steuern ... nur bis zur Höhe der auf die **im jeweiligen Veranlagungszeitraum** bezogenen Kapitalerträge im Sinne des Satzes 1 entfallenden deutschen Steuer anzurechnen". Durch eine Anrechnung nach § 32d Abs. 5 S. 1 EStG wird die deutsche Einkommensteuer also maximal auf 0 € reduziert. Ein dann noch verbleibender Anrechnungsüberhang verfällt.

Lösung des Falls 23: Die schweizerische Verrechnungssteuer von 35% ist nach § 32d Abs. 5 S. 1 EStG nur insoweit anrechenbar, wie Herr Kopper keinen Ermäßigungsanspruch in der Schweiz hat. Hier ist zu berücksichtigen, dass das Doppelbesteuerungsabkommen Deutschland/Schweiz eine maximale Quellensteuer auf Dividenden von 15% vorsieht (Art. 10 Abs. 2 lit. c DBA Deutschland/Schweiz). Anleger können sich eine darüber hinausgehende Quellensteuer im Quellenstaat erstatten lassen (s. für Dividenden deutscher Gesellschaften § 50d Abs. 1 EStG; das schweizerische Steuerrecht enthält eine korrespondierende Regelung).

Praxistipp: Anleger müssen bei der Erstattung von Quellensteuern im Ausland teilweise viel Geduld mitbringen. Die Dauer der Verfahren variiert aber erheblich. In der Schweiz gibt es eine Erstattung häufig schon nach einigen Wochen und auch Österreich erstattet schnell. Wer eine Erstattung in Italien beantragt, muss sich dagegen (jedenfalls derzeit) auf viele Jahre des Wartens einstellen.

Herr Kopper erhält auf Antrag also 20% Quellensteuer (2.000 €) vom schweizerischen Fiskus erstattet. Es verbleibt eine schweizerische Quellensteuer von 1.500 € (15%), die nach § 32d Abs. 5 EStG auf die deutsche Einkommensteuer von 2.500 € (25%) angerechnet wird. Es verbleibt eine deutsche Einkommensteuer von 1.000 € (10%). Insgesamt beträgt die Steuerbelastung auf die Dividende (1.500 € Schweiz + 1.000 € Deutschland =) 2.500 €.

§ 32d Abs. 1 S. 4, 5 EStG enthält eine Formel, die die vorgenannte Anrechnung regelt. Die Formel lautet (wenn Kirchensteuer nicht berücksichtigt wird):

$$\text{Reduzierte Steuer} = \frac{e - 4q}{4}$$

Dabei sind „e" die Einkünfte aus Kapitalvermögen und „q" ist die nach Maßgabe von § 32d Abs. 5 EStG anrechenbare ausländische Steuer, im Fall also € 1.500 (s.o.). Die reduzierte Steuer beträgt damit im Fall (10.000 € − 4*1.500 €)/4 = 1.000 €.

Leitsatz 20

Anrechnung ausländischer Quellensteuer

§ 32d Abs. 1, 5 EStG regeln für das Veranlagungsverfahren eine Anrechnung **ausländischer** Quellensteuer auf die **deutsche** Einkommensteuer. Die ausländische Quellensteuer wird nur **insoweit** angerechnet, wie nicht im Quellenstaat eine Ermäßigung der gezahlten Quellensteuer beantragt werden kann (dies ist nach Doppelbesteuerungsabkommen häufig der Fall). Die Anrechnung der ausländischen Quellensteuer wird im Falle der Kapitalertragsteuerpflicht bereits durch die zum Abzug **verpflichtete Stelle** durchgeführt (§ 43a Abs. 3 S. 1 EStG).

Ausnahmen vom Abgeltungsteuersatz

Fall 24

Der ledige Herr Paulson (Paulson junior) vermietet ein Wohnhaus. Er hat die Immobilie durch ein Darlehen seines Vaters (Paulson senior) finanziert. Dafür hat er in einem Veranlagungszeitraum (Kalenderjahr) Darlehenszinsen von 10.000 € gezahlt. Hat Paulson senior diese Zinsen zu versteuern? Wenn ja: wie? Sparer-Pauschbetrag und Solidaritätszuschlag sollen unberücksichtigt bleiben.

Nach § 9 Abs. 1 S. 2 Nr. 1 EStG sind Schuldzinsen aus einer Immobilienfinanzierung als Werbungskosten bei den Einkünften aus Vermietung und Verpachtung abziehbar. Wenn Paulson junior einen persönlichen Einkommensteuersatz (§ 32a EStG) von 42% hat, bedeutet dies, dass jedem Euro, den er an seinen Vater zahlt, eine Steuerersparnis von 0,42 € entspricht. Wenn Paulson senior als Darlehensgeber die vereinnahmten Zinsen nur mit dem Abgeltungsteuersatz von 25% versteuern muss, liegt darin ein Anreiz, eine entsprechende Finanzierung allein zu dem Zwecke zu vereinbaren, im Ergebnis (nämlich bei Betrachtung des Familienkreises als Ganzem) Steuern zu sparen. Durch die gezahlten Zinsen von 10.000 € spart der Sohn Einkommensteuer von 4.200 €, während die Mehr-Einkommensteuer des Vaters nur € 2.500 beträgt. Darin liegt eine aus Sicht des Fiskus unerwünschte sog. Tarifspreizung. In unserem Fall muss der Fiskus dieses Ergebnis allerdings – dies sei vorweggenommen – nach der Rechtsprechung des BFH akzeptieren (Einzelheiten s.u.).

§ 32d Abs. 2 EStG enthält einen Katalog von Fällen, in denen Einkünfte aus Kapitalvermögen (ausnahmsweise) nicht dem Abgeltungsteuersatz des § 32d Abs. 1 EStG unterliegen. Stattdessen ist in diesen Fällen der allgemeine (progressive) Tarif des § 32a EStG anwendbar. Dadurch soll eine Tarifspreizung im vorgenannten Sinne vermieden werden. Mit dem Nachteil, dass der Abgeltungsteuersatz nicht anwendbar ist, sind allerdings auch Vorteile verbunden. In den Fällen des § 32d Abs. 2 Nr. 1 und Nr. 3 EStG, die hier im Vordergrund stehen sollen, sind die Vorschriften des § 20 Abs. 6 und 9 EStG nicht anwendbar (§ 32d Abs. 2 Nr. 1 S. 2 sowie Nr. 3 S. 2 EStG). Das bedeutet:

▶ Es werden die tatsächlich entstandenen Werbungskosten abgezogen, nicht nur der Sparer-Pauschbetrag.

▶ **Verluste** aus der Kapitalanlage sind mit Gewinnen aus anderen Kapitalanlagen und anderen Einkunftsarten **verrechenbar**, weil § 20 Abs. 6 EStG, der insoweit Beschränkungen anordnet, nicht gilt.

Zu den wichtigsten Ausnahmen vom Abgeltungsteuersatz hier eine Übersicht.

Übersicht 10: Ausnahmen vom Abgeltungsteuersatz

Die **wichtigsten Ausnahmefälle** des § 32d Abs. 2 EStG sind:

▶ Nr. 1 a: Kapitalerträge i.S.d. § 20 Abs. 1 Nr. 7 EStG (insb. **Darlehenszinsen**), wenn Gläubiger und Schuldner einander **nahe stehende Personen** sind, soweit die den Kapitalerträgen entsprechenden Aufwendungen beim Schuldner steuerlich abziehbare **Betriebsausgaben oder Werbungskosten** sind.

▶ Nr. 1 b: Kapitalerträge i.S.d. § 20 Abs. 1 Nr. 7 EStG (insb. Darlehenszinsen), wenn sie von einer Kapitalgesellschaft an einen zu mindestens **10 %** **beteiligten Gesellschafter** gezahlt werden (**Gesellschafterdarlehen**).

▶ Nr. 2: Kapitalerträge im Sinne des § 20 Abs. 1 Nr. 6 S. 2 EStG. Dabei handelt es sich um die Fälle, in denen Erträge aus **Lebensversicherungen** zur Hälfte steuerfrei bleiben, weil der Versicherte im Zeitpunkt der Auszahlung das 60. oder 62. Lebensjahr vollendet hat und der Versicherungsvertrag mindestens zwölf Jahre bestanden hat. Indem hier der Abgeltungsteuersatz von 25 % versagt wird, wird eine doppelte Begünstigung vermieden (s. bereits Lektion 7).

▶ **Auf Antrag:** Kapitalerträge im Sinne des § 20 Abs. 1 Nr. 1, 2 EStG aus einer Beteiligung an einer Kapitalgesellschaft (insbesondere Dividenden von Aktiengesellschaften und **GmbH-Gewinnausschüttungen**), wenn der Steuerpflichtige im Veranlagungszeitraum, für den der Antrag erstmals gestellt wird:

  – unmittelbar oder mittelbar zu mindestens **25 %** an der Kapitalgesellschaft beteiligt ist **oder**

  – zu mindestens **1 %** an der Kapitalgesellschaft beteiligt und **für diese beruflich tätig** ist.

Während in den übrigen Fällen des § 32d Abs. 2 EStG der Abgeltungsteuersatz von 25 % zwingend von Gesetzes wegen versagt wird, gilt dies in den Fällen des § 32d Abs. 2 Nr. 3 EStG nur auf Antrag.

Im Fall kommt nur die Anwendung des § 32d Abs. 2 Nr. 1 EStG in Betracht. Der Abgeltungsteuersatz ist danach ausgeschlossen, „wenn Gläubiger und Schuldner einander nahe stehende Personen sind, soweit die den Kapitalerträgen entsprechenden Aufwendungen beim Schuldner steuerlich abziehbare Betriebsausgaben oder Werbungskosten sind". Für unseren Fall gilt:

▶ Die in Rede stehenden Zinsaufwendungen sind bei Paulson junior Werbungskosten im Rahmen der Einkünfte aus Vermietung und Verpachtung (§ 21 EStG).

▶ Die Finanzverwaltung ging früher daher davon aus, dass die Abgeltungsteuer bei Darlehen unter Angehörigen keine Anwendung finde. Angehörige seien stets „nahestehende Personen" i.S.d. § 32d Abs. 2 S. 1 Nr. 1 lit. a) EStG.

Der Bundesfinanzhof hat dieser Praxis der Finanzverwaltung eine Absage erteilt. Angehörige seien nicht stets als „nahestehende Personen" zu qualifizieren. Ein Näheverhältnis liege vielmehr nur dann vor, wenn eine Person unter dem „beherrschenden Einfluss" einer anderen sei oder ein Steuerpflichtiger ein eigenes wirtschaftliches Interesse an der Erzielung der Einkünfte des anderen habe. Dies sei bei bloßen familiären Bindungen regelmäßig nicht der Fall. Werde für den Ausschluss der Abgeltungsteuer ausschließlich an familiäre Beziehungen angeknüpft, liege darin eine nach Art. 6 GG unzulässige Diskriminierung der Familie (BFH, 29.4.2014, VIII R 9/13 u.a.). Die Finanzverwaltung teilt diese Sichtweise nun.

Lösung des Falls 24: Die von Paulson senior vereinnahmten Zinsen führen als Erträge aus sonstigen Kapitalforderungen i.S.d. § 20 Abs. 1 Nr. 7 S. 1 EStG zu Einkünften aus Kapitalvermögen. Darauf ist der besondere Steuersatz von 25 % anwendbar (§ 32d Abs. 1 S. 1 EStG).

§ 32d Abs. 2 S. 1 Nr. 1 Buchst. a EStG schließt diesen Steuersatz zwar unter weiteren Voraussetzungen für Darlehen unter „nahestehende Personen" aus. Für ein „Nahestehen" in diesem Sinne genügt nach neuerer Rechtsprechung und Auffassung der Finanzverwaltung eine familiäre Bindung aber nicht.

Leitsatz 21

Ausschluss des Abgeltungsteuersatzes

Bei Einkünften aus Kapitalvermögen gilt in den **Ausnahmefällen** des § 32d Abs. 2 EStG **nicht** der Abgeltungsteuersatz von 25 %, **sondern** der progressive Tarif des § 32a EStG. Dem steht in wichtigen Fällen des § 32d Abs. 2 EStG als **Vorteil** gegenüber, dass Werbungskosten **ohne Einschränkung** abgezogen werden (kein bloßer Ansatz des Sparer-Pauschbetrages) und die Verrechnung von Verlusten mit Gewinnen aus anderen Kapitalanlagen oder Einkunftsarten **nicht beschränkt** ist.

25 %- / 1 %-Gesellschafter

 **Fall 25**

Der ledige Herr Dent ist Geschäftsführer der Wo ist Wein GmbH, die einen Online-Weinhandel betreibt. Als Teil seines „Vergütungspakets" und als Anreiz, den Gewinn der Gesellschaft zu steigern, hat Herr Dent vom Mehrheitsgesellschafter eine kleine Beteiligung (2 %) an der Gesellschaft zu einem günstigen Kaufpreis erworben. Im Jahr 01 erhält er aus dieser Beteiligung eine Brutto-Ausschüttung von 10.000 €. Dent hat den Anteilserwerb teilweise durch ein Darlehen finanziert, für das er im Jahr 01 Zinsen von 2.000 € zahlen musste. Wie sind die Einkünfte Herrn Dents aus Kapitalvermögen zu besteuern?

Einkünfte aus Kapitalvermögen unterliegen regelmäßig dem Abgeltungsteuersatz von 25 % (§ 32d Abs. 1 EStG). Wie ausgeführt, kommt in den in § 32d Abs. 2 EStG genannten Fällen dagegen der progressive Tarif des § 32a EStG zur Anwendung. Dem steht als Vorteil gegenüber, dass in wichtigen Fällen des § 32d Abs. 2 EStG Werbungskosten vollständig abgezogen werden können und Verlustverrechnungsbeschränkungen nicht gelten. Teilweise gilt das Teileinkünfteverfahren (§§ 3 Nr. 40, 3c Abs. 2 EStG).

Lösung des Falls 25: Im Fall sind die Voraussetzungen des § 32d Abs. 2 Nr. 3 S. 1 lit. b) EStG erfüllt. Dent ist an der Wo ist Wein GmbH, von der er die Ausschüttung erhalten hat, nämlich zu mindestens 1 % beteiligt (Beteiligung von 2 %). Überdies ist er als Geschäftsführer der GmbH „beruflich für diese tätig". Während in den übrigen Fällen des § 32d Abs. 2

EStG der Abgeltungsteuersatz von 25 % zwingend von Gesetzes wegen versagt wird, gilt dies in den Fällen des § 32d Abs. 2 Nr. 3 EStG nur auf Antrag. Stellt Dent diesen Antrag, so gelten der progressive Steuertarif und nach § 32d Abs. 2 Nr. 3 S. 2 EStG das Teileinkünfteverfahren – es sind also nur 60 % der Einnahmen zu versteuern, aber auch nur 60 % der Werbungskosten abzugsfähig.

Danach (progressiver Tarif/Teileinkünfteverfahren) ergibt sich folgende Steuerberechnung:

Einnahmen (Gewinnausschüttung)	(60 % von € 10.000)	6.000 €
./. Werbungskosten (Darlehenszinsen)	(60 % von € 2.000)	./. 1.200 €
= Einkünfte		**4.800 €**
Darauf 42 % ESt (Steuersatz unterstellt)		**2.016 €**

Eine tarifliche ESt von 42 % ist anwendbar, wenn unterstellt wird, dass Dent weitere Einkünfte hat, die dazu führen, dass er mit dem gesamten Betrag von 4.800 € in die Tarifzone des § 32a Abs. 1 S. 2 Nr. 4 EStG fällt.

Stellt Dent den Antrag gemäß § 32d Abs. 2 Nr. 3 S. 1 lit. b) EStG nicht, bleibt es bei der Anwendung der Abgeltungsteuer. Dann gilt folgende Berechnung:

Einnahmen (Gewinnausschüttung)	(Ansatz zu 100 %)	10.000 €
./. Sparer-Pauschbetrag	(Ansatz zu 100 %)	./. 801 €
= Einkünfte		**9.199 €**
Darauf 25 % Abgeltungsteuer		**2.299,75 €**

Im Fall ist die Anwendung des progressiven Tarifs bei Abzug der Werbungskosten und Anwendung des Teileinkünfteverfahrens im Ergebnis günstiger als die Abgeltungsteuer. Dent wird den Antrag gemäß § 32d Abs. 2 Nr. 3 S. 1 lit. b) EStG stellen.

Leitsatz 22

Tarifliche ESt auf Antrag bei 25 %- / 1 %-Gesellschafter

Wer an einer Kapitalgesellschaft

- zu mindestens **25 %** beteiligt ist   oder

- zu mindestens **1 %** beteiligt und **beruflich für die Kapitalgesellschaft tätig** ist

hat ein **Wahlrecht** im Hinblick auf die Versteuerung der laufenden Einkünfte aus Kapitalvermögen aus der Beteiligung. Grundsätzlich findet die Abgeltungsteuer von 25 % Anwendung; dann ist nur der Sparer-Pauschbetrag (801 €/1.602 €) anwendbar und es gelten die Verlustverrechnungsbeschränkungen gemäß § 20 Abs. 6 EStG. Auf **Antrag** findet dagegen der progressive Tarif Anwendung – bei Abzug der tatsächlichen Kosten und Geltung des Teileinkünfteverfahrens sowie ohne Anwendung der Verlustverrechnungsbeschränkungen des § 20 Abs. 6 EStG.

Lektion 10: Zu- und Abflussprinzip

Fall 26

Benjamin möchte bei seinem Großvater Graham ein verzinsliches Darlehen aufnehmen. Graham weiß, dass er auf die Zinsen Einkommensteuer zahlen muss. Er möchte wissen, ob er durch entsprechende Vereinbarungen mit Benjamin wenigstens erreichen kann, dass die Steuer später anfällt.

Ist dies möglich?

Hat es z.B. steuerliche Auswirkungen, wenn Graham und Benjamin vereinbaren, dass die für ein Jahr (Bsp.: das Kalenderjahr 01) aufgelaufenen Zinsen jeweils erst im nächsten Jahr gezahlt werden (im Beispiel etwa am 31. Januar 02)?

Welche Folgen hätte es, wenn Benjamin während der Darlehenslaufzeit insgesamt nur Tilgungszahlungen leisten und er die während der gesamten Laufzeit angefallenen Zinsen erst nach vollständiger Darlehensrückzahlung zahlen würde?

Für Einkünfte aus Kapitalvermögen gilt das in § 11 EStG verankerte Zu- und Abflussprinzip. Maßgeblich für die Besteuerung ist danach, wann Einnahmen dem Steuerpflichtigen zugeflossen sind. Dagegen kommt es nicht darauf an, in welchem Zeitraum die Einnahmen wirtschaftlich „verdient" worden sind.

Daraus ergibt sich eine interessante Lösung des Falls 26.

Tatsächlich haben Graham und Benjamin ein gewisses (völlig legales) Gestaltungspotenzial. Sie können die Besteuerung der Zinsen hinauszögern, indem sie vereinbaren, dass Zinsen

- ▶ jeweils erst nach Ende eines Kalenderjahres oder
- ▶ insgesamt erst am Ende der Darlehenslaufzeit

gezahlt werden.

Zu beachten ist allerdings, dass „regelmäßig wiederkehrende Einnahmen", die dem Steuerpflichtigen „kurze Zeit" nach Ende des Kalenderjahres, zu dem sie wirtschaftlich gehören, zugeflossen sind, als in dem abgelaufenen Kalenderjahr bezogen gelten (§ 11 Abs. 1 S. 2 EStG; s. für Einnahmen die entsprechende Regelung in § 11 Abs. 2 S. 2 EStG).

Monatlich oder jährlich gezahlte Zinsen gehören zu den „regelmäßig wiederkehrenden Einnahmen" in diesem Sinne; einen Zufluss „kurze Zeit" nach Ende des Kalenderjahres nehmen Finanzverwaltung und Rechtsprechung bis zum 10. Januar an.

Eine regelmäßige Zinszahlung am 5. Januar würde danach noch dem abgelaufenen Kalenderjahr zugerechnet, eine regelmäßige Zinszahlung am 31. Januar – wie in Fall 26 erwogen – dagegen schon dem bei Zahlung laufenden Kalenderjahr.

Leitsatz 23

Zu- und Abflussprinzip

Maßgeblich dafür, wann (in welchem Veranlagungszeitraum) Einkünfte aus Kapitalvermögen zu versteuern sind, ist nach § 11 EStG regelmäßig der **Zeitpunkt**, in dem die entsprechenden Einnahmen (z.B. Zinsen oder Dividenden) **zufließen** (also etwa gutgeschrieben werden); für welchen Zeitraum die Zinsen gezahlt werden, ist unerheblich.

Regelmäßige Einkünfte, die bis zum 10.1. eines Jahres eingehen, werden allerdings dem **Vorjahr** zugerechnet.

Lektion 11: Behandlung von Verlusten

Fall 27

Frau Lynch erzielt in einem Veranlagungszeitraum (Kalenderjahr) folgende Einkünfte:

Tätigkeit als Steuerberaterin	+ 100.000 €
Zinseinnahmen aus Darlehen an eine Freundin	+ 10.000 €
Verlust aus der Veräußerung einer Anleihe	./. 12.000 €
Gewinn aus der Veräußerung von Aktien an der Fix AG (keine relevante Beteiligung i.S.v. § 17 EStG)	+ 20.000 €
Verlust aus der Veräußerung von Anteilen an der Foxi AG (keine relevante Beteiligung i.S.v. § 17 EStG)	./. 25.000 €

Bescheinigungen i.S.d. § 43a Abs. 3 S. 4 EStG liegen, soweit einschlägig, jeweils vor. Wie hoch ist die Summe der Einkünfte (§ 2 Abs. 3 EStG)?

Im Einkommensteuerrecht gilt der Grundsatz, dass Verluste aus einer Einkünftequelle mit Gewinnen aus einer anderen Einkünftequelle verrechnet werden können. Dies gilt sowohl, wenn Gewinn- und Verlusteinkünftequelle derselben Einkunftsart zuzuordnen sind (horizontale Verlustverrechnung), als auch, wenn sie verschiedenen Einkunftsarten zugehören (vertikale Verlustverrechnung). Beispiele:

▶ Horizontale Verlustverrechnung: Ein Steuerpflichtiger kann Verluste aus einem Ladengeschäft (gewerbliche Einkünfte, § 15 EStG) mit Gewinnen aus einer Gaststätte (ebenfalls gewerbliche Einkünfte) verrechnen.

▶ Vertikale Verlustverrechnung: Ein Steuerpflichtiger kann Verluste aus Vermietung und Verpachtung (§ 21 EStG) von seinen Gewinnen aus einer Zahnarztpraxis (Selbständige Arbeit, § 18 EStG) abziehen.

Eine Verlustverrechnung kann innerhalb derselben Periode (desselben Veranlagungszeitraums) stattfinden oder periodenübergreifend:

▶ Der Begriff „Verlustausgleich" bedeutet die Verrechnung innerhalb desselben Veranlagungszeitraums. Die Möglichkeit des Verlustausgleichs ist im Gesetz nicht ausdrücklich angeordnet. Sie ergibt sich daraus, dass Ausgangspunkt der Steuerermittlung die Summe der Einkünfte ist (§ 2 Abs. 3 EStG). Bei der Addition aller Einkünfte erhöhen positive Einkünfte das Ergebnis; negative Einkünfte reduzieren es.

▶ Der Verlustabzug (periodenübergreifende Verrechnung) ist in § 10d EStG geregelt. § 10d Abs. 1 erlaubt einen Verlustrücktrag (beschränkt auf ein Jahr und 1 Mio. €/2 Mio. € bei Ehegatten). § 10d Abs. 2 EStG regelt einen Verlustvortrag (zeitlich unbeschränkt, aber mit variabler Grenze der Höhe nach, sog. „Mindestbesteuerung").

Der Grundsatz, dass Verluste aus einer Einkunftsquelle mit Gewinnen aus einer anderen Einkunftsquelle verrechnet werden können, kennt allerdings einige Ausnahmen (s. etwa §§ 15 Abs. 4, 15a, 20 Abs. 6, 23 Abs. 3 S. 7, 8 EStG). Für die Einkünfte aus Kapitalvermögen ordnet § 20 Abs. 6 EStG eine weit reichende Beschränkung der Verlustverrechnung an. Danach gilt:

▶ Verluste aus Kapitalvermögen dürfen nach § 20d Abs. 6 S. 1 EStG nicht mit Einkünften aus anderen Einkunftsarten ausgeglichen werden (keine innerperiodische Verrechnung). Auch § 10d EStG (Verlustabzug) ist nicht anwendbar. Allerdings ist ein Verlustvortrag möglich; der so vorgetragene Verlust kann aber nur von späteren Gewinnen aus Kapitalvermögen abgezogen werden (§ 20d Abs. 6 S. 2 EStG).

▶ Innerhalb der Einkünfte aus Kapitalvermögen sind Verluste aus einer Kapitalanlage grundsätzlich mit Gewinnen aus einer anderen Kapitalanlage zu verrechnen. Davon gilt nach § 20d Abs. 6 S. 4 EStG aber eine wichtige Ausnahme für Verluste aus Kapitalvermögen i.S.v. § 20 Abs. 2 S. 1 Nr. 1 S. 1 EStG, die aus der Veräußerung von Aktien entstehen (im Folgenden: „Aktienverluste"). Aktienverluste sind danach nur zu verrechnen mit Gewinnen aus Kapitalvermögen i.S.v. § 20 Abs. 2 S. 1 Nr. 1 S. 1 EStG, die aus der Veräußerung von Aktien entstehen („Aktiengewinne"). Soweit es dazu nicht kommt, ist periodenübergreifend wiederum nur der

Verlustvortrag zur Verrechnung mit künftigen Aktiengewinnen vorgesehen.

▶ Eine weitere Beschränkung der Verrechnung innerhalb der Einkünfte aus Kapitalvermögen regelt § 20 Abs. 2 S. 5 EStG. Verluste aus Kapitalvermögen, die der Kapitalertragsteuer unterliegen, dürfen danach nur verrechnet werden oder mindern die Einkünfte, die der Steuerpflichtige in den folgenden Veranlagungszeiträumen aus Kapitalvermögen erzielt, wenn eine Bescheinigung i.S.d. § 43a Abs. 3 S. 4 EStG vorliegt. Was es mit dieser Bescheinigung auf sich hat, wird in diesem Buch im Abschnitt zur Kapitalertragsteuer (dort Fall 39) behandelt.

Im Fall 27 sind die Einkünfte Frau Lynchs folgenden Einkunftsarten zuzuordnen:

Steuerberatung	§ 18 EStG	+ 100.000 €
Zinseinnahmen (Darlehen an Freundin)	§ 20 Abs. 1 Nr. 7 EStG	+ 10.000 €
Verlust (Veräußerung Anleihe)	§ 20 Abs. 2 S. 1 Nr. 7 EStG	./. 12.000 €
Gewinn (Veräußerung Anteile Fix GmbH)	§ 20 Abs. 1 Nr. 1 EStG	+ 20.000 €
Verlust (Veräußerung Anteile Foxi GmbH)	§ 20 Abs. 1 Nr. 1 EStG	./. 25.000 €
Summe		**93.000 €**

Wären die Einkünfte aus allen Quellen ohne Beschränkung miteinander zu verrechnen, beliefe sich die Summe der Einkünfte auf 93.000 €. Der Sparer-Pauschbetrag von € 801 fände nach § 20 Abs. 9 S. 4 EStG keine Anwendung. Diese Regelung soll verhindern, dass durch den Sparer-

Pauschbetrag negative Einkünfte aus Kapitalvermögen entstehen oder sich erhöhen.

Unter Berücksichtigung der Beschränkungen in § 20 Abs. 6 gilt stattdessen:

▶ Die Beschränkung in § 20 Abs. 2 S. 5 EStG kommt jedenfalls deshalb nicht zum Tragen, weil Bescheinigungen i.S.d. § 43a Abs. 3 S. 4 EStG nach dem Sachverhalt jeweils vorliegen.

▶ Der Verlust aus der Veräußerung von Aktien an der Foxi AG von ./. 25.000 € darf nur mit dem Gewinn aus der Veräußerung der Aktien an der Fix AG von 20.000 € („Aktiengewinn") verrechnet werden. Aus den Aktiengeschäften ergeben sich damit Einkünfte von € 0. Der verbleibende Aktienverlust von 5.000 € darf mit anderen Einkünften nicht verrechnet werden; er wird nur zur Verrechnung mit Aktiengewinnen späterer Veranlagungszeiträume vorgetragen.

▶ Der Verlust aus der Veräußerung der Anleihe von ./. 12.000 € darf nur mit den Zinseinnahmen von 10.000 € verrechnet werden. Insoweit (und damit für die Einkünfte aus Kapitalvermögen insgesamt) ergeben sich ebenfalls Einkünfte von 0 €. Der verbleibende Verlust von 2.000 € darf mit anderen Einkünften nicht verrechnet werden; er wird nur zur Verrechnung mit Verlusten aus Kapitalvermögen späterer Veranlagungszeiträume vorgetragen.

▶ Als Ergebnis der Verrechnungsbeschränkungen des § 20 Abs. 6 EStG beträgt die Summe der Einkünfte 100.000 € (statt 93.000 €).

Zur Verrechnung von Verlusten bei Einkünften aus Kapitalvermögen hier eine Übersicht.

Übersicht 11: Verrechnung von Verlusten

Grundsätzlich werden im Einkommensteuerrecht Verluste aus einer Einkunftsquelle mit Gewinnen derselben und anderer Einkunftsquellen verrechnet. Bei den Einkünften aus **Kapitalvermögen** ist die Verlustverrechnung dagegen **stark eingeschränkt:**

▶ **Verluste aus Kapitalvermögen**

können **nicht** mit Einkünften aus anderen Einkunftsarten verrechnet werden.

▶ **Verluste aus der Veräußerung von Aktien**

nehmen innerhalb der Einkünfte aus Kapitalvermögen eine **Sonderstellung** ein. Sie werden **nur** mit Gewinnen aus Aktienveräußerungen verrechnet, nicht mit anderen Gewinnen aus Kapitalvermögen.

▶ **Berücksichtigung in der Veranlagung**

Verluste aus Kapitalvermögen, die der Kapitalertragsteuer unterlegen haben, sind nur dann im Rahmen der Veranlagung zu berücksichtigen, wenn die Bank darüber eine Bescheinigung nach § 43a Abs. 3 S. 4 EStG ausgestellt hat. Näheres dazu im Abschnitt zur Kapitalertragsteuer in Lektion 15.

IV. Die Rolle (vor allem) der Banken: Kapitalertragsteuer

Lektion 12: Erfasste Einkünfte und Abzugsverpflichteter

Die Kapitalertragsteuer ist geregelt in §§ 43 ff. EStG. Wie ausgeführt, ist die Kapitalertragsteuer keine eigene Steuerart, sondern lediglich eine spezielle Erhebungsform (Verwaltungsform)

- ▶ der Einkommensteuer
  (wenn der Anleger eine natürliche Person ist)   oder

- ▶ der Körperschaftsteuer
  (wenn der Anleger eine Körperschaft ist, etwa eine GmbH oder AG).

Die geltenden Regelungen zur Kapitalertragsteuer beruhen in wesentlichen Teilen auf dem Unternehmensteuerreformgesetz 2008. Der Gesetzgeber hat damit das Ziel verfolgt, bereits im Rahmen der Kapitalertragsteuer möglichst viele individuelle steuerliche Merkmale des Anlegers zu berücksichtigen. Vor allem für Kreditinstitute ist die Erhebung der Kapitalertragsteuer dadurch eine komplexe Aufgabe. Während etwa eine Gewinnausschüttung bei einer GmbH kaum Schwierigkeiten aufwirft, ist der Kapitalertragsteuerabzug der Banken „eine Wissenschaft für sich". U.a. haben die Banken folgende Aufgaben:

- ▶ Verlustverrechnung, ggf. ehegattenübergreifend (§ 43a Abs. 3 EStG)

- ▶ Berücksichtigung etwaiger Freistellungsaufträge und NV-Bescheinigungen (§ 44a Abs. 1 EStG)

- ▶ Anrechnung ausländischer Quellensteuern (§ 43a Abs. 3 S. 1 EStG)

- ▶ Abzug der Kirchensteuer (§ 51a Abs. 2b, 2c sowie § 43 Abs. 1 S. 2 EStG)

▶ Fortschreibung eines verbleibenden Verlustüberhangs (§ 43a Abs. 3 S. 2 ff. EStG)

Mit dem Abzug der Kapitalertragsteuer soll sich die Besteuerung der Einkünfte aus Kapitalvermögen regelmäßig endgültig erledigen (Endbesteuerungswirkung). Die Einkommensteuer ist daher mit dem Abzug der Kapitalertragsteuer meistens abgegolten (§ 43 Abs. 5 S. 1 Hs. 1 EStG, Abgeltungsteuer), eine Deklaration der Erträge in einer Steuererklärung und ein darauf bezogenes Veranlagungsverfahren sind dann entbehrlich.

Eine Veranlagung ist nur bei fehlendem Steuerabzug oder bei steuerlichem Korrekturbedarf vorzunehmen. Die Finanzämter werden dadurch deutlich entlastet, vor allem die Banken dagegen stark belastet (Veranlagung durch die Banken).

Die folgenden Ausführungen führen in die Grundlagen der Kapitalertragsteuer ein. Sie sollen vor allem Bankern und GmbH-Geschäftsführern die Arbeit erleichtern. Daneben sollen sie Anlegern ein Grundverständnis vermitteln, das etwa nötig ist, um die von den Banken verschickten jährlichen Steuerbescheinigungen zu verstehen. Folgende Fragen werden im Vordergrund stehen:

▶ Welche Einkünfte unterliegen der Kapitalertragsteuer?

▶ Wer muss Kapitalertragsteuer abführen und einbehalten?

▶ Wie hoch sind Bemessungsgrundlage und Steuersatz?

▶ Welche individuellen Merkmale des Anlegers sind wie zu berücksichtigen?

▶ Welche Ausnahmen vom Abzug der Kapitalertragsteuer gelten?

Die folgenden Ausführungen sind den beiden ersten Fragen gewidmet: Welche Einkünfte unterliegen der Kapitalertragsteuer und wer ist zum Abzug verpflichtet?

Der Kapitalertragsteuer unterliegen nicht sämtliche Einkünfte aus Kapitalvermögen, sondern nur die in § 43 Abs. 1 EStG aufgeführten Erträge.

Im Rahmen der Aufzählung in § 43 Abs. 1 Abs. 1 EStG arbeitet der Gesetzgeber mit Verweisungen auf die Regelungen des § 20 EStG.

▶ In § 43 Abs. 1 Abs. 1 S. 1 Nr. 1 bis 8 EStG wird auf bestimmte Fälle des § 20 Abs. 1 EStG verwiesen. Hier werden also bestimmte laufende Erträge (vor allem Dividenden, Gewinnausschüttungen, Zinsen) der Kapitalertragsteuer unterworfen.

▶ In § 43 Abs. 1 Abs. 1 S. 1 Nr. 9 bis 12 EStG wird dagegen auf bestimmte Fälle des § 20 Abs. 2 EStG verwiesen. Hier werden also Erträge der Vermögensebene, insbesondere bestimmte Veräußerungsgewinne, der Kapitalertragsteuer unterworfen.

Im Ergebnis ist der Katalog des § 43 Abs. 1 EStG recht umfassend. Die praktisch wichtigsten Einkünfte aus Kapitalvermögen sind dadurch der Kapitalertragsteuer unterworfen.

Zu beachten ist, dass die Abzugsverpflichtung nach § 43 Abs. 1 S. 1 EStG immer gilt, soweit inländische Kapitalerträge betroffen sind. Ausländische Kapitalerträge sind dagegen nur erfasst, wenn Erträge gemäß § 43 Abs. 1 S. 1 Nr. 6, 7 lit. a), 8 bis 12 EStG oder gem. § 43 Abs. 1 S. 2 EStG vorliegen. Die Abgrenzung zwischen inländischen und ausländischen Erträgen differenziert nach den verschiedenen Ertragsarten und ist in § 43 Abs. 3 EStG geregelt.

Die Unterscheidung zwischen den verschiedenen Tatbeständen (Nummern) des § 43 Abs. 1 S. 1 EStG hat neben der Unterscheidung zwischen inländischen und ausländischen Erträgen weitere Rechtsfolgen. Insbesondere differenziert § 44 Abs. 1 EStG für die Person des Abzugsverpflichteten zwischen den verschiedenen Tatbeständen.

Kapitalertragsteuer auf Dividenden und GmbH-Gewinnausschüttungen

Fall 28

Herr Blessing arbeitet bei der Stadtsparkasse München, bei der Herr Frick ein Wertpapierdepot unterhält. Darin befinden sich Aktien der Volkswagen AG (Sitz/Geschäftsleitung: Wolfsburg, Deutschland) und der Andritz

AG mit Sitz und Geschäftsleitung in Österreich. Die Aktien (sämtliche Aktien) der Volkswagen AG befinden sich in Sammelverwahrung bei der Clearstream Banking AG mit Sitz in Eschborn. In Herrn Fricks Depot bei der Stadtsparkasse München befinden sich also keine effektiven Stücke. Entsprechendes gilt für die Andritz-Aktien (Sammelverwahrung insoweit durch die OeKB CSD GmbH mit Sitz in Wien). Herr Blessing möchte wissen, ob auf Dividenden aus den genannten Aktien überhaupt Kapitalertragsteuer einzubehalten ist. Wenn ja, möchte Herr Blessing wissen, wer dafür zuständig ist: die jeweilige Gesellschaft (Emittentin), die Zentralverwahrstelle oder die Stadtsparkasse München?

Dividenden aus Aktien und Gewinnanteile aus GmbH-Beteiligungen unterliegen der Kapitalertragsteuer nach § 43 Abs. 1 Abs. 1 S. 1 Nr. 1, Nr. 1a) und Nr. 6 EStG. Die Regelung in gleich drei Nummern beruht darauf, dass von der Nr. 6 ausländische Einkünfte erfasst werden, von der Nr. 1a) vor allem inländische Erträge (Dividenden) aus sammelverwahrten Aktien, und von der Nr. 1 die sonstigen inländischen Dividenden und Gewinnausschüttungen.

Inländische Erträge im hier behandelten Sinne liegen vor, wenn die Schuldnerin – also die ausschüttende Gesellschaft – Geschäftsleitung oder Sitz im Inland hat (§ 43 Abs. 3 S. 1 EStG). Die Unterscheidung zwischen Aktien in Sammelverwahrung und anderen Aktien sowie in- und ausländischen Kapitalerträgen hat Bedeutung für die Person des Abzugsverpflichteten: Dies ist bei ausländischen Erträgen und Aktien in Sammelverwahrung die die Kapitalerträge auszahlende Stelle (§ 44 Abs. 1 S. 3, 4 EStG), in der Regel also die depotführende Bank. Bei inländischen Erträgen aus GmbH-Anteilen und nicht sammelverwahrten Aktien ist dagegen die Schuldnerin (Emittentin) selbst zum Abzug verpflichtet (§ 44 Abs. 1 S. 3 EStG).

Lösung des Falls 28: Die Dividenden begründen jeweils Einkünfte aus Kapitalvermögen i.S.v. § 20 Abs. 1 Nr. 1 EStG. Die Dividende der Volkswagen AG unterliegt der Kapitalertragsteuer nach § 43 Abs. 1 Abs. 1 S. 1 Nr. 1a) EStG, weil die Emittentin Sitz und Geschäftsleitung im Inland hat (also: inländischer Ertrag), und weil sich die Volkswagen-Aktie in Sammelverwahrung bei der Clearstream befindet. Zum Abzug verpflichtet ist nach § 44 Abs. 1 S. 3, 4 Nr. 3 lit. a) EStG die Stadtsparkasse München. Die Stadtsparkasse München ist nämlich als auszahlende Stelle ein inländisches Kreditinstitut i.S.d. § 43 Abs. 1 S. 1 Nr. 7 lit. b) EStG. Unterhielte

Herr Frick sein Wertpapierdepot bei einer ausländischen Bank, bestünde die Verpflichtung zum Abzug von Kapitalertragsteuer nicht. Herr Frick müsste die Dividende dann in seiner Einkommensteuererklärung angeben (§ 32d Abs. 3 S. 1 EStG).

Die Andritz-Dividende ist kein inländischer Kapitalertrag, weil die Andritz AG weder Geschäftsleitung noch Sitz in Deutschland hat (§ 43 Abs. 3 EStG). Auch als ausländischer Kapitalertrag unterliegt die Dividende allerdings der Kapitalertragsteuer, dieses Mal nach § 43 Abs. 1 Abs. 1 S. 1 Nr. 6 EStG. Zum Abzug verpflichtet ist wiederum (jetzt nach § 44 Abs. 1 S. 3, 4 Nr. 1 lit. a) EStG) die Stadtsparkasse München.

Übersicht 12: Dividenden und GmbH-Gewinnausschüttungen

Kapitalertragsteuer auf Dividenden und GmbH-Gewinnausschüttungen	
Die ausschüttende Gesellschaft ist ...	**Behandlung**
Inländische GmbH	Die GmbH selbst ist verpflichtet, Kapitalertragsteuer einzubehalten und abzuführen (§ 43 Abs. 1 Abs. 1 S. 1 Nr. **1** sowie § 44 Abs. 1 S. 3 EStG)
Inländische AG (nicht verbriefte oder nicht sammelverwahrte Aktien)	Kapitalertragsteuer wird durch die AG selbst einbehalten und abgeführt (wie bei inländischer GmbH)
Inländische AG (sammelverwahrte Aktien)	Kapitalertragsteuer wird durch inländische depotführende Banken einbehalten und abgeführt (§ 43 Abs. 1 S. 1 Nr. **1a)** EStG sowie § 44 Abs. 1 S. 3, 4 Nr. 3 lit. a) EStG). Ausländische Banken sind nicht zum Abzug von Kapitalertragsteuer verpflichtet, hier muss die Dividende in der Einkommensteuererklärung angeben werden.

Ausländische Kapitalgesellschaft	Die Ausschüttung unterliegt der Kapitalertragsteuer nach § 43 Abs. 1 S. 1 Nr. **6** EStG – aber nur, wenn unter den Voraussetzungen des § 44 Abs. 1 S. 3, 4 Nr. 1 lit. a) EStG als die Kapitalerträge auszahlende Stelle (insbesondere) ein inländisches Kreditinstitut auftritt. Abzugsverpflichtet ist dann das Kreditinstitut.

Fall 29

Herr Frick aus Fall 28 ist außerdem an der Monika Jugendzimmer GmbH mit Sitz und Geschäftsleitung in Münster beteiligt. Die Monika Jugendzimmer GmbH betreibt ein Möbelhaus. Herr Frick hält die Beteiligung im Betriebsvermögen eines Tischlerunternehmens (Gewerbebetrieb nach § 15 EStG), das er als Einzelunternehmer betreibt. Geschäftsführerin der Monika Jugendzimmer GmbH ist Frau Livermore. Als die GmbH eine Gewinnausschüttung von (brutto) 100.000 € an Herrn Frick leisten will, weist Herr Frick Frau Livermore darauf hin, dass eine Ausschüttung bei ihm nach dem Teileinkünfteverfahren nur zu 60 % zu besteuern sei, weil die Beteiligung zu einem Betriebsvermögen gehöre. Herr Frick bittet Frau Livermore, den Kapitalertragsteuerabzug entsprechend zu beschränken. Sollte Frau Livermore der Bitte Folge leisten?

Kapitalertragsteuer ist nach § 43 Abs. 4 EStG auch dann abzuziehen, wenn ein Kapitalertrag beim Gläubiger zu den Einkünften aus Land- und Forstwirtschaft, aus Gewerbebetrieb, aus selbständiger Arbeit oder aus Vermietung und Verpachtung gehört. Nach § 43 Abs. 1 S. 3 EStG ist der Steuerabzug zudem unabhängig davon vorzunehmen, ob die (anteiligen) Steuerbefreiungen gemäß § 3 Nr. 40 EStG (Teileinkünfteverfahren) oder § 8b KStG (Nulleinkünfteverfahren) eingreifen. Die (anteilige) Steuerbefreiung nach den genannten Vorschriften ist also nicht schon beim Abzug der Kapitalertragsteuer herzustellen; ob die Voraussetzungen dafür vorliegen, wird für die abzugsverpflichtete Stelle nämlich häufig nicht erkennbar sein. Stattdessen wird die (anteilige) Entlastung erst im Veranlagungsverfahren des Anlegers hergestellt.

Lösung des Falls 29: Die Gewinnausschüttung unterliegt der Kapitalertragsteuer nach § 43 Abs. 1 Abs. 1 S. 1 Nr. 1 EStG, weil die ausschüttende GmbH Sitz und Geschäftsleitung im Inland hat. Zum Abzug verpflichtet ist nach § 44 Abs. 1 S. 3 EStG der Schuldner der Kapitalerträge, also die Monika Jugendzimmer GmbH.

Ein Geschäftsführer kann häufig nicht zuverlässig erkennen, ob die Beteiligung an der GmbH bei dem Gesellschafter tatsächlich einem Betriebsvermögen zugeordnet ist. Womöglich wird er schon nicht zuverlässig wissen, ob der Gesellschafter überhaupt einen Betrieb unterhält.

Nach § 43 Abs. 1 S. 3, Abs. 4 EStG sind Nachforschungen zu diesen Fragen aber entbehrlich. Der Kapitalertragsteuerabzug ist auch bei Einkünften, die im Ergebnis dem Teileinkünfteverfahren unterliegen (§ 3 Nr. 40 EStG), in voller Höhe vorzunehmen.

Praxistipp: Lediglich bei bestimmten Kapitalerträgen sieht das Gesetz vor, dass der Gläubiger der Bank nach amtlich vorgeschriebenem Muster erklären kann, dass diese Betriebseinnahmen eines inländischen Betriebes sind; ein Steuerabzug ist dann nach § 43 Abs. 2 S. 3 Nr. 2 EStG nicht vorzunehmen (s. dazu noch Lektion 15).

Im Fall liegen Kapitalerträge vor, die von der Ausnahmeregelung des § 43 Abs. 2 S. 3 Nr. 2 EStG von vornherein nicht erfasst sind. Die Geschäftsführerin Frau Livermore wird daher den Steuerabzug wie folgt berechnen und vornehmen:

Gewinnausschüttung (brutto)	100.000 €
./. Kapitalertragsteuer (25 %)	./. 25.000 €
./. Solidaritätszuschlag (5,5 % auf KESt)	./. 1.375 €
= Gewinnausschüttung (netto)	**= 73.625 €**

Die so berechnete Quellensteuer ist zur Abführung fällig, sobald die Gewinnausschüttung dem Gläubiger Herrn Frick zufließt (§ 44 Abs. 1 S. 5 Hs. 2 EStG). Dies ist nach § 44 Abs. 2 S. 1 EStG der Tag, der im Beschluss als Tag der Auszahlung bestimmt worden ist (zur Rechtslage, wenn nicht über den Zeitpunkt der Auszahlung Beschluss gefasst worden ist, s. § 44 Abs. 2 S. 2 EStG).

Bei dem Gesellschafter Herrn Frick stellt die Ausschüttung Einkünfte aus Gewerbebetrieb dar, weil Herr Frick die Beteiligung im Betriebsvermögen hält, und weil die Einkünfte aus Kapitalvermögen gegenüber den Einkünften aus Gewerbebetrieb subsidiär sind (§ 20 Abs. 8 EStG). Nach § 3 Nr. 40 S. 1 lit. d) EStG sind im Veranlagungsverfahren nur 60% der Einnahmen anzusetzen (Teileinkünfteverfahren).

Etwaige mit der Beteiligung in Zusammenhang stehende Betriebsausgaben dürfen nach § 3c Abs. 2 S. 1 EStG nur zu 60% abgezogen werden.

Unterstellt, die Tarifbelastung für die Ausschüttung liegt insgesamt bei 42% (§ 32a Abs. 1 S. 2 Nr. 4 EStG), wird das Finanzamt bei der Veranlagung wie folgt rechnen:

Gewinnausschüttung (brutto)	100.000 €
Steuerpflichtiger Teil (60%, § 3 Nr. 40 S. 1 lit. d) EStG)	60.000 €
Tarifliche ESt (42%, § 32a Abs. 1 S. 2 Nr. 4 EStG)	25.200 €
Solidaritätszuschlag (5,5% auf ESt)	1.386 €
= Summe ESt/SolZ	**26.586 €**
./. KESt/SolZ (s.o., Vorauszahlung, § 36 Abs. 2 Nr. 2 EStG)	./. 26.375 €
= Abschlusszahlung	**211 €**

Der Abzug von Kapitalertragsteuer nebst SolZ hat im Fall von Herrn Frick, bei dem die Ausschüttung zu den gewerblichen Einkünften gehört, also keine abgeltende Wirkung (§ 43 Abs. 5 S. 2 EStG), sondern wird als Vorauszahlung auf die festgesetzte ESt behandelt (§ 36 Abs. 2 Nr. 2 EStG).

Leitsatz 24

Dividenden/Gewinnausschüttungen auf Beteiligungen im Betriebsvermögen

Der **Kapitalertragsteuerabzug** ist auch bei Einkünften, die im Ergebnis dem Teileinkünfteverfahren (§ 3 Nr. 40 EStG) oder dem Nulleinkünfteverfahren (§ 8b KStG) unterliegen, in **voller Höhe** vorzunehmen. Die (anteilige) **Steuerbefreiung** findet erst im Veranlagungsverfahren statt. Die abgeführte Kapitalertragsteuer wird hier als Vorauszahlung auf die festgesetzte Einkommen- oder Körperschaftsteuer behandelt. Der Abzug der Kapitalertragsteuer hat also keine abgeltende Wirkung.

Fall 30

Herr Soros hält in seinem Depot bei der Sparkasse Essen 100 Aktien der inländischen Drillisch AG. Diese schüttet auf jede Aktie eine Dividende von insgesamt 1,70 € aus, davon 1,14 € „steuerfreie Leistung aus dem steuerlichen Einlagekonto (§ 27 KStG)" und 0,56 € „ordentliche Dividende". Frau Bezos von der Sparkasse Essen möchte wissen, ob und in welchem Umfang Kapitalertragsteuer einzubehalten und abzuführen ist.

Dividenden einer Aktiengesellschaft führen grundsätzlich zu Einkünften aus Kapitalvermögen i.s.v. § 20 Abs. 1 Nr. 1 S. 1 EStG. Eine Ausnahme davon gilt jedoch nach § 20 Abs. 1 Nr. 1 S. 3 EStG für Ausschüttungen, soweit diese aus dem steuerlichen Einlagekonto i.S.v. § 27 KStG stammen. Insoweit unterbleibt auch ein Abzug von Kapitalertragsteuer (Grund: Die von § 43 Abs. 1 Abs. 1 S. 1 Nr. 1 EStG vorausgesetzten Kapitalerträge i.S.v. § 20 Abs. 1 Nr. 1 S. 1 EStG sind zu verneinen).

Lösung des Falls 30: Wie oben (Fall 13) bereits dargestellt, liegen nur i.H.v. 0,56 €/Aktie steuerbare Einkünfte aus Kapitalvermögen vor (§ 20 Abs. 1 Nr. 1 S. 1 EStG). Zum größeren Teil stammt die Dividende aus dem steuerlichen Einlagekonto (1,14 €). Insoweit ist die Ausschüttung nach § 20 Abs. 1 Nr. 1 S. 3 EStG nicht steuerbar. Kapitalertragsteuer ist nur auf den erstgenannten Teil der Ausschüttung (0,56 €/Aktie) einzubehalten. Die Rückzahlung aus dem steuerlichen Einlagekonto mindert allerdings die Anschaffungskosten der Aktien. Im Falle einer späteren Veräußerung wird Herr Soros dadurch einen höheren Veräußerungsgewinn versteuern müssen.

Leitsatz 25

Steuerliches Einlagekonto und Kapitalertragsteuer

Ausschüttungen einer Kapitalgesellschaft, für die das steuerliche Einlagekonto als verwendet gilt, stellen **keine Einkünfte** aus Kapitalvermögen dar; entsprechend ist Kapitalertragsteuer nicht einzubehalten.

Kapitalertragsteuer auf Veräußerungsgewinne bei Aktien/GmbH-Anteilen

Fall 31

Herr Ehrhardt hält eine Beteiligung von 0,5 % an der inländischen Swello GmbH im Privatvermögen. Er verkauft die Beteiligung und erzielt dabei einen Gewinn von 100.000 €. Fällt Kapitalertragsteuer an?

Kapitalerträge i.S.d. § 20 Abs. 2 S. 1 Nr. 1 S. 1 EStG aus der Veräußerung von Aktien und GmbH-Anteilen unterliegen grundsätzlich der Kapitalertragsteuer. Dies ist in § 43 Abs. 1 Abs. 1 S. 1 Nr. 9 EStG geregelt. Die Vorschrift gilt gleichermaßen für inländische wie ausländische Erträge.

Tatsächlich unterbleibt in wichtigen Fällen des § 43 Abs. 1 Abs. 1 S. 1 Nr. 9 EStG indes ein Abzug von Kapitalertragsteuer, weil es an einer zum Abzug verpflichteten auszahlenden Stelle i.S.v. § 44 Abs. 1 EStG fehlt. Nach § 44 Abs. 1 S. 3 EStG ist nämlich in den hier behandelten Fällen nicht der Schuldner der Kapitalerträge (hier also der Erwerber der Anteile) zum Steuerabzug verpflichtet, sondern die „die Kapitalerträge auszahlende Stelle". Wer oder was Zahlstelle in diesem Sinne sein kann, definiert § 44 Abs. 1 S. 4 EStG. Für die hier betrachteten Fälle handelt es sich dabei regelmäßig um inländische Kreditinstitute, bei denen Anleger Aktien in Wertpapierdepots halten (§ 44 Abs. 1 S. 4 Nr. 1 lit. a) aa) EStG). Auf entsprechende Veräußerungsgewinne aus Aktien wird daher Kapitalertragsteuer erhoben. GmbH-Anteile sind dagegen nicht verbrieft und werden entsprechend nicht in Depots verwahrt. Bei daraus erzielten Veräußerungsgewinnen unterbleibt ein Abzug von Kapitalertragsteuer daher. Der Gesellschafter muss den Gewinn in seiner Einkommensteuererklärung angeben. Der Gewinn wird dann im Veranlagungsverfahren dem besonderen Steuersatz von 25 % unterworfen (§ 32d Abs. 3 S. 1 EStG).

Lösung des Falls 31: Der bei der Veräußerung der GmbH-Beteiligung erzielte Gewinn ist ein Kapitalertrag i.S.v. § 20 Abs. 2 S. 1 Nr. 1 S. 1 EStG. Dieser Ertrag unterliegt nach § 43 Abs. 1 Abs. 1 S. 1 Nr. 9 EStG grundsätzlich der Kapitalertragsteuer. Ein Abzug von Kapitalertragsteuer findet dennoch nicht statt, weil es nach § 44 Abs. 1 S. 3, S. 4 Nr. 1 lit. a) aa) EStG an einer „die Kapitalerträge auszahlende Stelle", insbesondere einem die Anteile verwahrenden inländischen Kreditinstitut, fehlt. Herr Ehrhardt muss den Veräußerungsgewinn in seiner Einkommensteuererklärung angeben. Der Gewinn wird dann im Veranlagungsverfahren dem besonderen Steuersatz von 25 % unterworfen (§ 32d Abs. 3 S. 1 EStG).

Leitsatz 26

Kapitalertragsteuer auf Veräußerungsgewinne

Veräußerungsgewinne aus inländischen wie ausländischen **GmbH-Beteiligungen** und Aktien unterliegen nach § 43 Abs. 1 Abs. 1 S. 1 Nr. 9 EStG grundsätzlich der Kapitalertragsteuer. Dies ist aber nur dann der Fall, wenn unter den Voraussetzungen des § 44 Abs. 1 S. 3, 4 Nr. 1 lit. a) EStG als die **Kapitalerträge auszahlende Stelle** (insbesondere) ein inländisches Kreditinstitut auftritt, also vor allem bei sammelverwahrten Aktien. Abzugsverpflichtet ist dann das Kreditinstitut.

Fall 32

Herr Ehrhardt unterhält außerdem ein Wertpapierdepot bei der Haspa (Hamburger Sparkasse AG). Darin befinden sich 100 Allianz- und 100 BASF-Aktien. Herr Ehrhardt will den gesamten Depotbestand seiner Tochter schenken. Er weist die Haspa daher an, die Aktien in ein für seine Tochter neu angelegtes Depot zu übertragen. Worauf ist steuerlich zu achten?

Für Zwecke der Kapitalertragsteuer gilt die Übertragung von Banken verwahrter Wertpapiere vom Depot eines Kunden auf das Depot eines anderen Kunden nach § 43 Abs. 1 S. 4 EStG als Veräußerung der Wertpapiere. Wenn der Übertragende nichts weiter veranlasst (dazu sogleich), geht die Bank also von einer Veräußerung aus und behält

Kapitalertragsteuer ein. Dies gilt selbst dann, wenn tatsächlich keine Einkünfte aus Kapitalvermögen entstehen, etwa im Falle einer Schenkung der Wertpapiere. Der Übertragende ist dann auf eine Erstattung der abgeführten Kapitalertragsteuer im Veranlagungsverfahren verwiesen. Wenn sich darin herausstellt, dass die Übertragung nicht zu Einkünften aus Kapitalvermögen geführt hat, wird die Kapitalertragsteuer erstattet. Die Bank wird allerdings von vornherein keine Kapitalertragsteuer abziehen, wenn die als veräußert geltenden Wertpapiere vor 2009 angeschafft worden waren, da die Veräußerung solcher Wertpapiere noch den vor 2009 geltenden Regelungen unterfällt, heute also nicht steuerbar ist (§ 52 Abs. 28 S. 11 EStG; s. bereits Fall 11 oben).

Die Veräußerungsfiktion des § 43 Abs. 1 S. 4 EStG kann der Bankkunde verhindern, indem er seiner Bank Mitteilung darüber macht, dass es sich um eine unentgeltliche Übertragung handele. Mit der Mitteilung hat der Kunde der Bank gesetzlich bestimmte Informationen übermitteln, die die Bank zusammen mit weiteren Daten dem für sie zuständigen Betriebsstättenfinanzamt mitteilt (§ 43 Abs. 1 S. 5, 6 EStG). Dadurch wird die Bank von der Verpflichtung, Kapitalertragsteuer einzubehalten, befreit. Das Betriebsstättenfinanzamt macht eine Kontrollmitteilung an das Schenkungsteuerfinanzamt. Dadurch kann dort die Erhebung von Schenkungsteuer geprüft werden.

Kommt es im Rahmen von Erbfällen zur Depotübertragung auf den oder die Erben, sollen die Banken bei Vorlage eines Erbscheins oder einer Erblegitimation von einem unentgeltlichen Depotübertrag i.S.d. § 43 Abs. 1 S. 5 EStG ausgehen, also keine Kapitalertragsteuer einbehalten.

Lösung des Falls 32: Wenn Herr Ehrhardt nichts weiter veranlasst, wird die Bank (bei seit 2009 erworbenen Aktien) von einer entgeltlichen Übertragung ausgehen und den Veräußerungsgewinn der Kapitalertragsteuer unterwerfen (§ 43 Abs. 1 S. 4 EStG). Als Einnahme aus der Veräußerung wird die Bank den aktuellen Börsenkurs in Ansatz bringen (§ 43a Abs. 2 S. 8 EStG). Um den Abzug der Kapitalertragsteuer zu vermeiden, kann Herr Ehrhardt der Bank die Mitteilung nach § 43 Abs. 1 S. 5, 6 EStG machen.

Leitsatz 27

Depotübertrag

Die Übertragung einzelner oder aller Wertpapiere eines Depots eines Bankkunden auf das Depot eines anderen Kunden wird, wenn nichts anderes veranlasst wird, als **Veräußerung** der Wertpapiere behandelt. Damit ist Kapitalertragsteuer einzubehalten und abzuführen.

Kapitalertragsteuer bei Genussrechten

Fall 33

Frau Williams arbeitet bei der Windo AG mit Sitz in Düsseldorf, die Genussscheine ausgegeben hat. Darin ist eine Gewinnbeteiligung vorgesehen, aber keine Beteiligung am Liquidationserlös. Als eine Ausschüttung auf die Genussrechte ansteht, fragt Frau Williams, ob die Gesellschaft Kapitalertragsteuer einbehalten und abführen muss.

Bei Genussrechten sind zwei Arten zu unterscheiden.

Übersicht 13: EK-Genussrechte / FK-Genussrechte

▶ **EK-Genussrechte
(aktienähnliche Genussrechte)**

Genussrechte, mit denen das Recht am **Gewinn und Liquidationserlös** einer Kapitalgesellschaft verbunden ist (§ 20 Abs. 1 Nr. 1 EStG) werden von § 43 Abs. 1 S. 1 **Nr. 1** und **Nr. 6** EStG erfasst.

Kapitalertragsteuer:

Ausschüttungen auf EK-Genussrechte unterliegen danach sowohl bei einer **inländischen** (Nr. 1) als auch bei einer **ausländischen** (Nr. 6) Emittentin der Kapitalertragsteuer. Bei einer ausländischen Emittentin wird es aber meist an einer inländischen auszahlenden Stelle i.S.v. § 44 Abs. 1 S. 3, 4 Nr. 1 lit. a EStG fehlen.

> ▶ **FK-Genussrechte
> (obligationsähnliche Genussrechte)**
>
> Genussrechte **die keine EK-Genussrechte sind**, werden von § 43 Abs. 1 S. 1 **Nr. 2** EStG erfasst („Zinsen aus Genussrechten, die nicht in § 20 Abs. 1 Nr. 1 EStG genannt sind").
>
> **Kapitalertragsteuer:**
> Diese Vorschrift findet nach dem einleitenden Regelungen des § 43 Abs. 1 S. 1 **nur** Anwendung auf **inländische** Kapitalerträge, also wenn die Emittentin Geschäftsleitung oder Sitz im Inland hat (§ 43 Abs. 3 S. 1 EStG). FK-Genussrechte einer Emittentin, die weder Geschäftsleitung noch Sitz im Inland hat, unterliegen danach nicht der Kapitalertragsteuer.

Lösung des Falls 33: Die von der Windo AG ausgegebenen Genussrechte unterfallen nicht § 20 Abs. 1 Nr. 1 EStG (keine EK-Genussrechte), weil damit zwar eine Gewinnbeteiligung verbunden ist, aber keine Beteiligung am Liquidationserlös.

Weil FK-Genussrechte vorliegen, sind die Ausschüttungen steuerbar nach § 20 Abs. 1 Nr. 7 EStG. Ausschüttungen auf FK-Genussrechte unterliegen nach § 43 Abs. 1 S. 1 Nr. 2 EStG („Zinsen aus Genussrechten, die nicht in § 20 Abs. 1 Nr. 1 EStG genannt sind") der Kapitalertragsteuer, soweit inländische Kapitalerträge vorliegen.

Dies ist der Fall, weil die Emittentin Windo AG Geschäftsleitung und Sitz im Inland (Düsseldorf) hat (§ 43 Abs. 3 S. 1 EStG). Zum Abzug verpflichtet ist nach § 44 Abs. 1 S. 3 EStG die Schuldnerin der Kapitalerträge, also die Windo AG. Die Steuer ist am zehnten Tag des Kalendermonats fällig, der auf den Monat des Einbehalts folgt (§ 44 Abs. 1 S. 5 EStG).

Leitsatz 28

Kapitalertragsteuer bei Genussrechten

Bei einer inländischen Emittentin unterliegen sowohl **EK**- als auch **FK**-Genussrechte der Kapitalertragsteuer. Abzugsverpflichtet ist meist die **Emittentin** selbst. Bei einer **ausländischen** Emittentin wird es dagegen meist an einer inländischen auszahlenden Stelle i.S.v. § 44 Abs. 1 S. 3, 4 Nr. 1 lit. a) EStG fehlen. FK-Genussrechte einer Emittentin, die weder Geschäftsleitung noch Sitz im Inland hat, unterliegen von vornherein nicht der Kapitalertragsteuer.

Kapitalertragsteuer auf Zinsen

Fall 34

Nicolas nimmt bei seinem Freund Darvas (beide wohnhaft in Köln) ein Darlehen auf, um eine kleine Eigentumswohnung zu finanzieren. Es wird ein Zins von 3 % p.a. vereinbart. Nicolas zahlt an Darvas monatlich einen gleichbleibenden Betrag von 600 €, der sich aus Tilgung und Zinsen zusammensetzt. Muss Nicolas auf den Zinsanteil Kapitalertragsteuer einbehalten und abführen?

Darlehenszinsen – auch Zinsen aus „Privatdarlehen" – sind nach § 20 Abs. 1 Nr. 7 S. 1 EStG Einkünfte aus Kapitalvermögen („sonstige Kapitalforderungen jeder Art, wenn die Rückzahlung des Kapitalvermögens oder ein Entgelt für die Überlassung des Kapitalvermögens zur Nutzung zugesagt oder geleistet worden ist"). Zinsen aus partiarischen Darlehen (Darlehen mit gewinnabhängigem Zins) stellen nach § 20 Abs. 1 Nr. 4 S. 1 EStG ebenfalls Einkünfte aus Kapitalvermögen dar.

Nicht alle nach § 20 Abs. 1 Nr. 4, 7 EStG steuerbaren Einkünfte unterliegen allerdings der Kapitalertragsteuer:

▶ Zinsen aus partiarischen Darlehen unterfallen der Kapitalertragsteuer nach § 43 Abs. 1 S. 1 Nr. 3 EStG, soweit inländische Erträge vorliegen.

▶ Einzelne von § 20 Abs. 1 Nr. 7 EStG erfasste Erträge – etwa die eben behandelten FK-Genussrechte – unterliegen der

Kapitalertragsteuer unter den in § 43 Abs. 1 S. 1 Nr. 2 EStG genannten Voraussetzungen.

▶ Für die übrigen Erträge i.S.d. § 20 Abs. 1 Nr. 7 EStG – etwa Zinsen aus gewöhnlichen Darlehensforderungen – gilt § 43 Abs. 1 S. 1 Nr. 7 EStG.

§ 43 Abs. 1 S. 1 Nr. 7 EStG sieht den Abzug von Kapitalertragsteuer bei Zinsen aus Darlehensforderungen nur in bestimmten Fällen vor:

▶ Der Kapitalertragsteuer unterliegen danach zunächst bestimmte verbriefte Kapitalforderungen, nämlich „Zinsen aus Anleihen und Forderungen [...], die in ein öffentliches Schuldbuch oder in ein ausländisches Register eingetragen oder über die Sammelurkunden im Sinne des § 9a des Depotgesetzes oder Teilschuldverschreibungen ausgegeben sind" (§ 43 Abs. 1 S. 1 Nr. 7 lit a) EStG).

▶ Daneben – praktisch sehr bedeutsam – unterliegen solche Zinsen der Kapitalertragsteuer, die (insbesondere) inländische Kreditinstitute auszahlen (§ 43 Abs. 1 S. 1 Nr. 7 lit b) EStG). Diese Regelung ist der Grund dafür, dass Zinsen auf Sparbücher sowie Tages- und Festgeldguthaben bei deutschen Banken der Kapitalertragsteuer unterliegen.

▶ Kreditzinsen, die ein Schuldner – Privatperson oder Unternehmer – in sonstigen Fällen an den Gläubiger zahlt, unterliegen dagegen nicht der Kapitalertragsteuer.

Insbesondere verzinsliche „Privatdarlehen" sowie Gesellschafterdarlehen lösen daher nicht den Steuerabzug aus. Keine Entrichtungspflicht besteht auch für Auslandsbanken und ausländische Zweigstellen von Inlandsbanken, während inländische Zweigstellen von Auslandsbanken zum Steuerabzug verpflichtet sind. Wenn ein Steuerabzug nicht stattfindet, muss der Gläubiger die Zinsen in seiner Steuererklärung angeben (§ 32d Abs. 3 EStG).

Zinsen, die Banken an Steuerausländer zahlen, unterfallen nicht der Kapitalertragsteuer, soweit die Voraussetzungen einer beschränkten Steuerpflicht beim ausländischen Anleger nachweislich nicht vorliegen.

Lösung des Falls 34: Nicolas als Darlehensnehmer hat davon abzusehen, von den an Philipp gezahlten Zinsen Kapitalertragsteuer einzubehalten. Zwar führen die Zinsen zu Einkünften aus Kapitalvermögen gemäß § 20 Abs. 1 Nr. 7 EStG. Die Voraussetzungen, unter denen insoweit nach § 43 Abs. 1 S. 1 Nr. 7 EStG Kapitalertragsteuer abzuziehen ist, sind aber nicht erfüllt. Es liegt weder eine verbriefte Forderung i.S.d. § 43 Abs. 1 S. 1 Nr. 7 lit a) EStG vor, noch werden die Zinsen von einem inländischen Kreditinstitut ausgezahlt (§ 43 Abs. 1 S. 1 Nr. 7 lit b) EStG; auch ein sonstiger Fall nach dieser Vorschrift liegt nicht vor. Das von Darvas vergebene „Privatdarlehen" unterliegt damit nicht der Kapitalertragsteuer. Darvas muss die vereinnahmten Zinsen in seiner Einkommensteuererklärung angeben (s. § 32d Abs. 3 EStG, der auch ausdrücklich die Anwendung des „Abgeltungsteuersatzes" anordnet).

Leitsatz 29

Kapitalertragsteuer auf Zinsen

Der Abzug von Kapitalertragsteuer auf Zinsen ist nur in **bestimmten Fällen** vorgesehen. Eine Abzugsverpflichtung besteht danach u.a. bei Zinsen aus bestimmten verbrieften Forderungen sowie Zinsen, die inländische Kreditinstitute zahlen. Zinsen auf **reine Privatdarlehen** sowie Zinsen von **Auslandsbanken** unterliegen dagegen **nicht** der Kapitalertragsteuer; sie sind in der Einkommensteuererklärung anzugeben. Inländische Zinsen aus partiarischen Darlehen unterliegen stets der Kapitalertragsteuer.

Lektion 13: Berechnung der Kapitalertragsteuer

Die Bemessungsgrundlage der Kapitalertragsteuer

Die folgende Lektion dieses Buches ist der Berechnung der Kapitalertragsteuer gewidmet. Zunächst wird die Bemessungsgrundlage behandelt, im Anschluss daran der Steuersatz.

■ Fall 35

Herr Breuer hält in seinem Depot bei der Commerzbank Microsoft-Aktien. Die Aktien hatte er während eines Arbeitsaufenthaltes in den USA für umgerechnet 50.000 € erworben. Sie waren zunächst in einem Depot einer Bank in New York (Wells Fargo) verwahrt worden. Als Herr Breuer nach Deutschland zurückzog, übertrug er die Aktien aus dem US-Depot in sein deutsches Commerzbank-Depot. Wells Fargo teilte der Commerzbank die Anschaffungskosten mit. Nun veräußert Herr Breuer die Aktien zu einem Preis von (nach Veräußerungskosten) 100.000 €. Wie ist die Veräußerung steuerlich zu behandeln? Kirchensteuer und Solidaritätszuschlag sollen unberücksichtigt bleiben.

Dem Steuerabzug unterliegen nach § 43a Abs. 2 S. 1 EStG die vollen Kapitalerträge ohne Abzug etwaiger Werbungskosten (Bruttobesteuerung). Diese Regelung findet etwa Anwendung, wenn Dividenden oder Zinsen der Kapitalertragsteuer unterworfen werden. Dass etwaige Werbungskosten hier unberücksichtigt bleiben, ist konsequente Fortsetzung der Regelung in § 20 Abs. 9 S. 1 Hs. 2 EStG, nach der (im Veranlagungsverfahren) bei der Ermittlung der Einkünfte aus Kapitalvermögen der Abzug der tatsächlichen Werbungskosten ausgeschlossen ist. Der Sparer-Pauschbetrag (§ 20 Abs. 9 S. 1 Hs. 1 EStG) wird bei der Kapitalertragsteuer nicht durch Abzug von der Bemessungsgrundlage berücksichtigt, sondern nach § 44a EStG bei Erteilung eines Freistellungsauftrages durch Abstandnahme vom Steuerabzug.

In Veräußerungsfällen unterliegen der Kapitalertragsteuer nicht die vollen Einnahmen des Anlegers (der Veräußerungspreis). Vielmehr sind davon die Anschaffungs- und die unmittelbaren Veräußerungskosten abzuziehen. § 43a Abs. 2 S. 2 EStG regelt dies durch Verweis auf § 20 Abs. 4 EStG – also jene Vorschrift, die für Einkünfte aus Kapitalvermögen den Veräußerungsgewinn definiert. Im Falle der Veräußerung von

Wertpapieren sind danach insbesondere Provisionen an die depotführende Bank und Börsenentgelte abzuziehen, die durch die Veräußerung ausgelöst werden (s. dazu bereits Fall 21).

Die Ermittlung des Veräußerungsgewinns durch Abzug der Anschaffungskosten vom Veräußerungspreis setzt voraus, dass die auszahlende Stelle die Anschaffungskosten kennt.

Diese Kenntnis kann auf verschiedenen Gründen beruhen:

▶ Der Anleger kann veräußerte Wertpapiere schon über die auszahlende Stelle erworben und sie seitdem dort verwahren lassen haben (s. § 43a Abs. 2 S. 2 EStG).

▶ Beim Wechsel der depotführenden Bank ist zu unterscheiden:

- Eine abgebende inländische Bank hat der übernehmenden inländischen Bank seit 2009 die Anschaffungsdaten mitzuteilen (§ 43a Abs. 2 S. 3 EStG).

- Eine abgebende ausländische Bank unterliegt dieser Mitteilungspflicht nicht. Soweit es sich um eine Bank in der EU, im EWR oder im Anwendungsbereich der EU-Zinsrichtlinie handelt, kann der Steuerpflichtige den Nachweis der Anschaffungskosten aber durch eine Bescheinigung des ausländischen Instituts führen. Dem EWR gehören neben den EU-Staaten Norwegen, Island und Liechtenstein an; dem Anwendungsbereich der EU-Zinsrichtlinie unterfallen zudem die Schweiz, San Marino, Monaco und Andorra.

- In allen anderen Fällen – etwa beim Wechsel von einer Bank in den USA zu einer deutschen Bank – ist ein Nachweis der Anschaffungskosten nicht zulässig (so ausdrücklich § 43a Abs. 2 S. 6 EStG). Die auszahlende Stelle darf hier also auch ein noch so plausibles und aussagekräftiges Dokument nicht als Nachweis der Anschaffungskosten behandeln.

Scheidet der Abzug der Anschaffungskosten danach aus, findet eine Ersatzbemessungsgrundlage Anwendung. Diese beträgt grundsätzlich 30 % der Einnahmen aus der Veräußerung oder Einlösung der Wirtschaftsgüter (§ 43a Abs. 2 S. 7 EStG).

Beim einem Verkauf von Aktien für (nach Abzug der Veräußerungskosten) 10.000 € beträgt die Ersatzbemessungsgrundlage danach 3.000 €, die Kapitalertragsteuer damit 750 €. Dies gilt selbst dann, wenn der Anleger einen Veräußerungsverlust erzielt (im Beispiel etwa bei einem vorangegangenen Erwerb der Aktien für 20.000 €).

Diesen Verlust kann der Anleger erst im Veranlagungsverfahren geltend machen, indem er dort seine Anschaffungskosten nachweist (§ 32d Abs. 4 EStG). Die Einkommensteuer auf die Veräußerung wird, wenn dies gelingt, € 0 betragen. Die abgeführte Kapitalertragsteuer wird im Ergebnis vollen Umfangs erstattet.

Wenn die Ersatzbemessungsgrundlage geringer ist als der tatsächliche Veräußerungsgewinn, ist der Steuerpflichtige verpflichtet, den Kapitalertrag in seiner Steuererklärung anzugeben; im Veranlagungsverfahren wird dann die Steuerbelastung auf den vollen Ertrag hergestellt (§ 32d Abs. 3 EStG).

Lösung des Falls 35: Herr Breuer erzielt aus der Veräußerung der Microsoft-Aktien Einkünfte aus Kapitalvermögen nach § 20 Abs. 2 Nr. 1 EStG. Die Pflicht der Commerzbank, Kapitalertragsteuer einzubehalten, ergibt sich aus § 43 Abs. 1 Abs. 1 S. 1 Nr. 9 EStG sowie § 44 Abs. 1 S. 3, 4 Nr. 1 lit. a) EStG). Da ein Veräußerungsfall vorliegt, ist Bemessungsgrundlage grundsätzlich der Veräußerungsgewinn, ermittelt durch Abzug der Anschaffungskosten (sowie der Veräußerungskosten) vom Veräußerungspreis. Im Fall kann Herr Breuer der Bank seine Anschaffungskosten aber auf den vom Gesetz vorgesehenen Wegen nicht nachweisen. Insbesondere waren die Aktien nicht von vornherein in Verwahrung bei der Commerzbank; die Bescheinigung einer US-Bank genügt zudem nicht zum Nachweis der Anschaffungskosten (§ 43a Abs. 2 S. 6 EStG).

Die Commerzbank wird daher beim Steuerabzug die Ersatzbemessungsgrundlage von 30 % der Einnahmen aus der Veräußerung der Aktien in Ansatz bringen (§ 43a Abs. 2 S. 7 EStG). Die Ersatzbemessungsgrundlage beträgt damit (100.000 € * 30 % =) 30.000 €, die Kapitalertragsteuer 7.500 €. Tatsächlich hat Herr Breuer allerdings einen Gewinn von € 50.000 erzielt. Die Anwendung der Ersatzbemessungsgrundlage wirkt sich also zugunsten des Anlegers aus. Dieser Vorteil ist für Herrn Breuer aber nicht von Dauer. Er ist nach § 32d Abs. 3 EStG verpflichtet, den Ertrag in seiner Einkommensteuererklärung zu deklarieren. In der Veranlagung wird dann Einkommensteuer von 25% (§ 32d Abs. 1 EStG) auf den gesamten Veräußerungsgewinn von 50.000 € festgesetzt. Auf die so festgesetzte Einkommensteuer von 12.500 € wird die abgeführte Kapitalertragsteuer von 7.500 € angerechnet; es verbleibt eine Steuerschuld von 5.000 €.

Leitsatz 30

Die Bemessungsgrundlage für die Kapitalertragsteuer

▶ **Dividenden** oder **Zinsen**

Bemessungsgrundlage für die Kapitalertragsteuer sind bei Dividenden oder Zinsen die **vollen Kapitalerträge** ohne Abzug etwaiger Werbungskosten.

▶ **Veräußerungsfälle**

In Veräußerungsfällen ist Bemessungsgrundlage dagegen der **Veräußerungsgewinn**, ermittelt durch Abzug der Anschaffungskosten vom Veräußerungspreis.

In Fällen, in denen die Bank **keine gesicherte Kenntnis** von den Anschaffungskosten hat, findet eine Ersatzbemessungsgrundlage von **30% der Einnahmen** aus der Veräußerung Anwendung. Die zutreffende Steuerbelastung (Steuer auf den „echten" Veräußerungsgewinn) kann (und muss zum Teil) erst im Veranlagungsverfahren hergestellt werden.

Berücksichtigung der Kirchensteuer

Fall 36

Der in Dortmund wohnende Aktionär Müller erhält eine Dividende von (brutto) 10.000 €. Wie hoch ist die Kapitalertragsteuer, wenn Herr Müller Kirchensteuer zahlt? Der Sparer-Pauschbetrag ist wg. anderweitigen Verbrauchs nicht zu berücksichtigen.

Der Steuersatz der Kapitalertragsteuer beträgt regelmäßig 25% des Kapitalertrags und nur im Ausnahmefall (der hier nicht behandelt wird) 15% (§ 43a Abs. 1 S. 1 EStG). Der Steuersatz entspricht damit dem besonderen Steuersatz, den § 32d Abs. 1 S. 1 EStG für Einkünfte aus Kapitalvermögen im Veranlagungsverfahren anordnet. Dass der Steuersatz beim Abzug der Kapitalertragsteuer dem in der Veranlagung anzuwendenden Steuersatz entspricht, ist vor dem Hintergrund geboten, dass der

Steuerabzug regelmäßig abgeltende Wirkung hat (§ 43 Abs. 5 S. 1 EStG, Abgeltungsteuer).

Eine Besonderheit gilt bei Kirchensteuerpflicht. Nach § 43a Abs. 1 S. 2 EStG ermäßigt sich hier die Kapitalertragsteuer um 25 % der auf die Kapitalerträge entfallenden Kirchensteuer.

Die Reduzierung der Einkommensteuer ersetzt, wie oben dargestellt (Fall 22), den Sonderausgabenabzug, der im Veranlagungsverfahren stattfindet (§ 10 Abs. 1 Nr. 4 EStG).

Für die reduzierte Kapitalertragsteuer gilt nach 43a Abs. 1 S. 2, 3 EStG dieselbe Formel wie für die im Veranlagungsverfahren reduzierte Einkommensteuer (§ 32d Abs. 1 S. 3 ff. EStG). Diese Formel lautet (ohne Berücksichtigung ausländischer Steuer):

$$\text{Reduzierte Steuer} = \frac{e}{4+k}$$

Dabei sind „e" die Einkünfte aus Kapitalvermögen (bzw. der dem Abzug unterliegende Kapitalertrag) und „k" ist der geltende Kirchensteuersatz.

Der reduzierte Steuersatz beträgt damit

▶ in Bayern und Baden-Württemberg (8 % Kirchensteuer):
(100 % ./. 4,08) = 24,51 %;

▶ in allen anderen Bundesländern (9 % Kirchensteuer):
(100 % ./. 4,09) = 24,45 %.

Lösung des Falls 36: Die Kapitalertragsteuer auf eine Dividende von 10.000 € beträgt regelmäßig 2.500 € (25 %). Im Falle der Kirchensteuerpflicht wird der Steuerabzug aber reduziert um 25 % der auf den Kapitalertrag entfallenden Kirchensteuer. In Dortmund beträgt dieser reduzierte Steuersatz nach der oben angestellten Berechnung 24,45 %. Die Kapitalertragsteuer beträgt damit 2.445 €, die Kirchensteuer (2.445 €*9 %=) € 220,05 und der Solidaritätszuschlag (2.445 €*5,5 %=) 134,47 €. Die so berechnete Kirchensteuer ist nicht als Sonderausgabe abziehbar (§ 10

Abs. 1 Nr. 4 EStG); sonst würde die Kirchensteuerpflicht durch reduzierten Steuersatz und Sonderausgabenabzug doppelt berücksichtigt.

In diesem Abschnitt wurde bislang der besondere Steuersatz der Kapitalertragsteuer bei Kirchensteuerpflicht behandelt. Im Folgenden geht es um die damit zusammenhängende Frage, ob die Kirchensteuer zusammen mit der Kapitalertragsteuer einbehalten und abgeführt wird, oder ob die Kirchensteuer erst im Veranlagungsverfahren erhoben wird.

Hier gilt der Grundsatz, dass der für die Kapitalertragsteuer Abzugsverpflichtete auch für die Kirchensteuer abzugsverpflichtet ist (§ 51a Abs. 2, 3 EStG). Die Banken erfragen dazu jährlich (Regelanfrage) oder anlassbezogen (Anlassanfrage) sog. Kirchensteuerabzugsmerkmale (KISTAM) beim Bundeszentralamt für Steuern (BZSt). Auf die Anfrage teilt das BZSt der Bank bei Kirchenzugehörigkeit regelmäßig das entsprechende KISTAM mit. Die Bank hat dann die Kapitalertragsteuer nach dem ermäßigten Steuersatz von 24,51 % oder 24,45 % zu ermitteln und zusätzlich die Kirchensteuer von 8 oder 9 % (der Kapitalertragsteuer) abzuführen.

Teilt das BZSt der Bank dagegen einen sogenannten „Nullwert" mit, wird die Kapitalertragsteuer nach dem Normalsatz von 25 % berechnet und keine Kirchensteuer abgeführt. Die Übermittlung eines „Nullwertes" kann auf zwei Gründen beruhen:

▶ Entweder der Kunde gehört keiner steuererhebenden Religionsgemeinschaft an oder

▶ er hat er gegenüber dem BZSt nach § 51a Abs. 2e EStG dem Abruf von Daten zur Religionszugehörigkeit widersprochen (Sperrvermerk; die Möglichkeit dieses Widerspruches besteht aus Gründen des Datenschutzes).

Teilt das BZSt der Bank einen „Nullwert" mit, führt dies auch dazu, dass das Wohnsitzfinanzamt den Kirchensteuerpflichtigen zur Abgabe einer Steuererklärung auffordert. Die Kirchensteuer wird dann – zeitlich verzögert – im Veranlagungswege erhoben.

Leitsatz 31

Kapitalertragsteuer und Kirchensteuer

Bei **Kirchenzugehörigkeit** des Anlegers führt der für die Kapitalertragsteuer Abzugsverpflichtete regelmäßig auch die Kirchensteuer ab. Die Banken erfragen dazu sog. Kirchensteuerabzugsmerkmale (KISTAM) beim Bundeszentralamt für Steuern (BZSt). Bei Kirchenzugehörigkeit hat die Bank die Kapitalertragsteuer nach einem **ermäßigten Steuersatz** von 24,51 % oder 24,45 % und **zusätzlich die Kirchensteuer** von 8 % oder 9 % (der Kapitalertragsteuer) abzuführen. Der Anleger kann den Kirchensteuerabzug durch einen Sperrvermerk beim BZSt verhindern. Die Kirchensteuer wird dann im Veranlagungsverfahren erhoben.

Lektion 14: Ausländische Steuern, Verlustverrechnung

Doppelbesteuerungsabkommen

Fall 37

Herr Dibelius, ledig und konfessionslos, aus Stuttgart unterhält bei der Volksbank Stuttgart ein Wertpapierdepot, in dem sich Novartis-Aktien befinden. Von einer Dividende von (umgerechnet) 10.000 € wird in der Schweiz umgerechnet 3.500 € (35 %) Verrechnungssteuer (ähnlich der deutschen Kapitalertragsteuer) einbehalten. Welche weiteren Steuerfolgen ergeben sich für Herrn Dibelius? Sparer-Pauschbetrag und Solidaritätszuschlag sollen unberücksichtigt bleiben.

Eine Quellensteuer auf Kapitalerträge, die der deutschen Kapitalertragsteuer ähnelt, wird von vielen Staaten erhoben. Wenn ein Steuerinländer Erträge aus ausländischen Kapitalanlagen erzielt, kann sich daher die Frage stellen, ob und wie eine Doppelbesteuerung mit ausländischer und deutscher Quellensteuer vermieden wird.

Diese Frage stellt sich nicht nur im Veranlagungsverfahren, wo ausländische Quellensteuer nach Maßgabe des § 32d Abs. 5 EStG auf die deutsche Steuer angerechnet wird (s.o. Fall 23). Vielmehr macht § 43a Abs. 3 S. 1 EStG die Berücksichtigung ausländischer Steuern zur Aufgabe der inländischen depotführenden Banken, die damit beim Abzug der Kapitalertragsteuer umzugehen haben. Unter anderem hier zeigt sich, dass der Gesetzgeber das Ziel verfolgt, bereits bei Abzug der Kapitalertragsteuer möglichst viele individuelle Merkmale des Steuerpflichtigen zu berücksichtigen. Die abgeltende Wirkung des Steuerabzuges (§ 43 Abs. 5 S. 1 EStG) soll so in möglichst vielen Fällen greifen.

Nach § 43a Abs. 3 S. 1 EStG hat das abzugsverpflichtete Kreditinstitut „ausländische Steuern auf Kapitalerträge ... nach Maßgabe des § 32d Abs. 5 EStG zu berücksichtigen". Danach ist bei jedem einzelnen ausländischen Kapitalertrag die jeweilige ausländische Steuer auf die deutsche Abgeltungsteuer anzurechnen. Unter welchen Voraussetzungen und in welchem Umfang angerechnet wird, ist geregelt durch Verweis auf § 32d Abs. 5 EStG. Diese – unmittelbar im Veranlagungsverfahren geltende – Regelung wurde bereits behandelt (Fall 23).

Nach § 32d Abs. 5 EStG ist bei unbeschränkt Steuerpflichtigen, die mit ausländischen Kapitalerträgen in dem Staat, aus der die Kapitalerträge stammen, zu einer der deutschen Einkommensteuer entsprechenden Steuer herangezogen werden, die auf ausländische Kapitalerträge festgesetzte und gezahlte und um einen entstandenen Ermäßigungsanspruch gekürzte ausländische Steuer, jedoch höchstens 25 % ausländische Steuer auf den einzelnen Kapitalertrag, auf die deutsche Steuer anzurechnen.

Im Fall 37 ist die schweizerische Verrechnungssteuer von 35 % nur insoweit anrechenbar, wie Herr Dibelius keinen Ermäßigungsanspruch in der Schweiz hat. Hier ist zu berücksichtigen, dass das Doppelbesteuerungsabkommen Deutschland/Schweiz eine maximale Quellensteuer auf Dividenden von 15 % vorsieht (Art. 10 Abs. 2 lit. c) DBA Deutschland/Schweiz). Anleger können sich eine darüber hinausgehende Quellensteuer im Quellenstaat erstatten lassen (s. für Dividenden deutscher Gesellschaften § 50d Abs. 1 EStG; das schweizerische Steuerrecht enthält eine korrespondierende Regelung).

Herr Dibelius erhält auf Antrag also 20 % Quellensteuer (2.000 €) vom schweizerischen Fiskus erstattet. Es verbleibt eine schweizerische Quellensteuer von 1.500 € (15 %), die nach § 43a Abs. 3 S. 1 sowie § 32d Abs. 5 EStG bereits bei Erhebung der Kapitalertragsteuer auf die deutsche Einkommensteuer von 2.500 € (25 %) angerechnet wird. Die Volksbank Stuttgart wird also Kapitalertragsteuer nur in Höhe von 1.000 € (10 %) einbehalten und abführen. Insgesamt beträgt die Steuerbelastung auf die Dividende (1.500 € Schweiz + 1.000 € Deutschland =) 2.500 €.

Praxistipp: In (soweit ersichtlich) zwei Fällen lässt die Finanzverwaltung die Anrechnung ausländischer Steuern bereits bei Abzug der Kapitalertragsteuer nicht zu, nämlich bei Dividenden aus Spanien und Norwegen. Hintergrund ist, dass Anleger eine vollständige oder anteilige Erstattung der in diesen Ländern erhobenen Quellensteuern erlangen können. So sind norwegische Dividenden in Höhe eines fiktiven risikofreien Ertrags aus dem investierten Kapital steuerfrei (sog. „shielding deduction"). Deutsche Dividendenempfänger erhalten entsprechend eine vollständige oder teilweise Erstattung der in Norwegen i.H.v. 25 % einbehaltenen Quellensteuer. In Deutschland wird Kapitalertragsteuer daher ohne Berücksichtigung der norwegischen Steuer erhoben. Der Anleger kann erst im Veranlagungsverfahren erreichen, dass der nicht erstattete Teil der norwegischen Quellensteuer auf die deutsche Einkommensteuer angerechnet wird. Weitere Informationen finden sich auf der Website des Bundeszentralamts für Steuern (BZSt).

Leitsatz 32

Anrechnung ausländischer Quellensteuern bei der Kapitalertragsteuer

Die in § 32d Abs. 1, 5 EStG (für das Veranlagungsverfahren) **vorgesehene Anrechnung** ausländischer Quellensteuern auf die Einkommensteuer findet nach § 43a Abs. 3 S. 1 EStG bereits bei Erhebung der Kapitalertragsteuer statt. Die ausländische Quellensteuer wird nur **insoweit** angerechnet, wie nicht im Quellenstaat eine Ermäßigung der gezahlten Quellensteuer beantragt werden kann (dies ist nach Doppelbesteuerungsabkommen häufig der Fall).

Quellensteuertopf

Fall 38

Joris Rogers (ledig und konfessionslos) unterhält bei der Deutschen Bank Mannheim ein Wertpapierdepot, in dem sich Nestlé-Aktien sowie Aktien der britischen Next plc. befinden. Herr Rogers hat der Bank einen Freistellungsauftrag über 500 € erteilt. In einem Veranlagungszeitraum (Kalenderjahr) erhält er von Nestlé und Next Bruttodividenden von umgerechnet je 500 €. Die Schweiz behält auf die Nestlé-Dividende (gezahlt im Mai) umgerechnet 175 € (35%) Verrechnungssteuer (ähnlich der deutschen Kapitalertragsteuer) ein. Die Next-Dividende fließt im Juli. Im Vereinigten Königreich wird eine Quellensteuer auf Dividenden nicht erhoben. Welche weiteren Steuerfolgen ergeben sich für die Bank und Herrn Rogers? Der Solidaritätszuschlag soll unberücksichtigt bleiben.

Bei der Lösung ist wiederum zu beachten, dass das Doppelbesteuerungsabkommen Deutschland/Schweiz – wie viele Doppelbesteuerungsabkommen – eine maximale Quellensteuer auf Dividenden von 15% vorsieht (Art. 10 Abs. 2 lit. c) DBA Deutschland/Schweiz). Anleger können sich eine darüber hinausgehende Quellensteuer im Quellenstaat erstatten lassen. Herr Rogers kann danach in der Schweiz eine Erstattung von (35%./.15% =) 20% Verrechnungssteuer (100 €) beantragen. Es verbleibt eine schweizerische Quellensteuerbelastung von 75 €, die grundsätzlich auf die deutsche Kapitalertragsteuer anzurechnen ist.

Der von Herrn Rogers erteilte Freistellungsauftrag (Betrag im Fall: 500 €) führt allerdings nach § 44a Abs. 1, 2 EStG dazu, dass die Deutsche Bank von einem Kapitalertragsteuerabzug Abstand nimmt (ihn also nicht durchführt). Damit das Anrechnungsvolumen aus der schweizerischen Quellensteuer nicht verlorengeht, registrieren die Banken es in einem Quellensteuertopf (kein gesetzlicher Begriff). Die darin erfassten noch ungenutzten Anrechnungsbeträge sind beim nächsten Steuereinbehalt zu berücksichtigen.

Im Fall „füllt" die Deutsche Bank einen für Herrn Rogers angelegten Quellensteuertopf bei Auszahlung der Nestlé-Dividende mit einem Betrag von 75 €. Bei Auszahlung der Next-Dividende ist der erteilte Freistellungsauftrag bereits (durch die Nestlé-Dividende) „verbraucht". Eigentlich fällt nun Kapitalertragsteuer von (500 € * 25 % =) 125 € an. Durch Verrechnung mit dem Quellensteuertopf reduziert sich die Kapitalertragsteuer aber auf 50 €. Der Quellensteuertopf beträgt wieder 0 €.

Die Lösung des Falls 38 stellt sich damit in der Tabelle wie folgt dar:

	Jahres-anfang	Nestlé-Dividende	Next-Dividende	Jahres-ende (Summe)
Kapitalertrag		500	500	1000
Ausl. Quellensteuer		175	0	175
Ermäßigung im Ausland		./. 100	0	./.100
Verbleibende Steuer im Ausland		**75**	**0**	**75**
Im Inland anrechenbar		75	0	75

Freistellungsauftrag	500	./. 500	0	0
Quellensteuertopf	0	75	./. 75	0
Kapitalertragsteuer		0	50	50
Steuer Ausland und Inland gesamt		75	50	125

Insgesamt zahlt Herr Rogers damit auf Kapitalerträge von 1.000 € bei einem Freistellungsauftrag von 500 € Quellensteuer in Höhe von 125 €, also genau 25 % der nach Berücksichtigung des Freistellungsauftrages verbleibenden Erträge. Von der Quellensteuer entfällt ein Teilbetrag von 75 € auf die Schweiz (Verrechnungssteuer, nach DBA auf 15 % von 500 € beschränkt) und ein weiterer Teilbetrag von 50 € auf Deutschland (Kapitalertragsteuer).

Zum Quellensteuertopf ist noch zu bemerken:

▶ Beträge aus dem Quellensteuertopf sind mit jeglicher Kapitalertragsteuer zu verrechnen. Ob diese auf Dividenden, Zinsen oder andere Kapitalerträge entfällt, spielt keine Rolle. Ebenso ist unerheblich, ob die weiteren Kapitalerträge inländisch oder ausländisch sind.

▶ Im Fall wurde der Quellensteuertopf von der Bank „gefüllt", weil wegen eines Freistellungsauftrages (zunächst) kein Raum für eine Anrechnung der ausländischen Quellensteuer war. Ein praktisch wichtiger weiterer Fall, in dem einem Quellensteuertopf Beträge gutzuschreiben sind, ist der, dass auf einen ausländischen Ertrag (mit grundsätzlich anzurechnender ausländischer Quellensteuer) deshalb keine deutsche Kapitalertragsteuer erhoben wird, weil in einem Verlustverrechnungstopf noch Verluste zur Verrechnung zur Verfügung stehen (mehr zu Verlustverrechnungstöpfen sogleich im nächsten Abschnitt dieses Buches).

▶ Ein Quellensteuertopf verfällt zum Ende des Jahres. Wenn nach Verlustverrechnung und Anwendung des Freistellungsauftrags die Abgeltungsteuer geringer ist als die anrechenbare ausländische Quellensteuer, kann der Anrechnungsüberhang vom Kreditinstitut gesondert bescheinigt werden, damit der Kunde diesen mit anderweitig geschuldeter Abgeltungsteuer im Rahmen der Veranlagung verrechnen kann (Anwendungsfall des § 32 d Abs. 4 EStG). Ist dies nicht möglich, verfällt die ausländische Steuer. Ein Vortrag kommt – anders als bei den Verlustverrechnungstöpfen (dazu sogleich) nicht in Betracht.

> ## Leitsatz 33
>
> **Quellensteuertopf**
>
> Im Quellensteuertopf halten Banken ausländische Quellensteuerbeträge fest, die nach § 32d Abs. 5 EStG grundsätzlich anrechenbar sind, soweit es der Anrechnung nicht bedarf. Dies ist insbesondere der Fall, soweit eine Erhebung von Kapitalertragsteuer ausscheidet, weil ein **Freistellungsauftrag** vorliegt oder zu verrechnende Verluste vorhanden sind (**Verlustverrechnungstopf**). Die im Quellensteuertopf vermerkten Beträge werden von der Bank mit später (auf jegliche Erträge) anfallender Kapitalertragsteuer verrechnet. Ein am Jahresende noch vorhandener Quellensteuertopf kann nicht vorgetragen werden, sondern wird von der Bank „auf Null gestellt"; der Steuerpflichtige kann den nicht genutzten Überhang an ausländischer Quellensteuer dann nur noch im Rahmen der Veranlagung nach § 32d Abs. 4 EStG nutzen.

Verlusttöpfe

Fall 39

Helena Rogers unterhält ebenfalls (in ihrem Privatvermögen) ein Wertpapierdepot bei der Deutschen Bank in Mannheim. Im Laufe eines Veranlagungszeitraums (Kalenderjahres) ergeben sich hier folgende – positive und negative – Erträge:

Datum	Ereignis	Betrag (€)
Mai	Stückzinsen (Verlust)	./. 1.000

Juni	Veräußerung von Aktien (Verlust)	./. 2.000
Juli	Veräußerung einer Anleihe (Gewinn)	3.000
August	Veräußerung von Aktien (Gewinn)	500
	Summe (Gewinn)	**500**

Wann und in welchem Umfang hat die Deutsche Bank Kapitalertragsteuer einzubehalten? Welche weiteren Steuerfolgen ergeben sich? Kirchensteuer und Soli sind nicht zu berücksichtigen.

Exkurs: *Der Begriff „Stückzinsen" bezeichnet die beim Erwerb einer Anleihe mit dem Kaufpreis vergüteten anteiligen Zinsansprüche, die in der laufenden Zinsperiode aufgelaufen sind. Vom Erwerber gezahlte Stückzinsen stellen Werbungskosten dar.*

Die auszahlende Stelle hat beim Abzug der Kapitalertragsteuer „unter Berücksichtigung des § 20 Abs. 6 S. 4 EStG im Kalenderjahr negative Kapitalerträge ... bis zur Höhe der positiven Kapitalerträge auszugleichen" (§ 43a Abs. 3 S. 2 EStG). Auch diese Heranziehung der Banken beim Ausgleich von Verlusten dient dem Zweck, bereits bei Abzug der Kapitalertragsteuer der „individuell richtigen" Steuer so nahe wie möglich zu kommen. Dadurch soll in möglichst vielen Fällen die Kapitalertragsteuer tatsächlich abgeltende Wirkung haben (§ 43 Abs. 5 S. 1 EStG) und eine Veranlagung vermieden werden.

Eine Veranlagung kann aber jedenfalls dann nicht durch eine rein bankseitige Verrechnung vermieden werden, wenn ein Anleger Depots bei verschiedenen Banken unterhält. Dann werden Gewinne beim einen und Verluste beim anderen Institut erst im Rahmen der Veranlagung zur Einkommensteuer verrechnet (Einzelheiten dazu s.u.).

Wie oben dargestellt, ordnet § 20 Abs. 6 EStG eine doppelte Beschränkung der Verlustverrechnung an:

▶ Verluste aus Kapitalvermögen dürfen generell nicht mit Einkünften aus anderen Einkunftsarten verrechnet werden (§ 20d Abs. 6

S. 1 EStG); eine Art Verlustvortrag innerhalb der Einkünfte aus Kapitalvermögen ist aber möglich (§ 20d Abs. 6 S. 2 EStG).

▶ Innerhalb der Einkünfte aus Kapitalvermögen können zudem Verluste, die aus der Veräußerung von Aktien entstehen („Aktienverluste"), nach § 20d Abs. 6 S. 2 EStG, nur mit solchen Gewinnen verrechnet, die aus der Veräußerung von Aktien entstehen („Aktiengewinne"). Wiederum ist eine Art Verlustvortrag zur Verrechnung mit zukünftigen Aktiengewinnen möglich.

Diese doppelte Beschränkung haben die Banken wegen der Verweisung in § 43a Abs. 3 S. 2 EStG auf § 20 Abs. 6 EStG auch beim Abzug der Kapitalertragsteuer zu beachten. Dies ist der Grund dafür, dass die Banken mit verschiedenen „Verlusttöpfen" arbeiten („Topfrechnung").

Der Begriff des „Verlusttopfes" findet sich – wie der des „Quellensteuertopfes" – nicht im Gesetz. Die Arbeit damit setzt lediglich in der Bankenpraxis die Beschränkungen der Verlustverrechnung gemäß § 20 Abs. 6 EStG um.

Die Verlustverrechnung durch die Bank ist lediglich bei natürlichen Personen und lediglich bei Einkünften aus Kapitalvermögen (§ 20 EStG) vorzunehmen. Insbesondere dann, wenn der Bank bekannt ist, dass ein Anleger eine Anlage im Betriebsvermögen eines Gewerbebetriebes hält, ist eine Verlustverrechnung dagegen ausgeschlossen. Da dann gewerbliche Einkünfte vorliegen (§ 20 Abs. 8 EStG), hat der Abzug der Kapitalertragsteuer von vornherein keine abgeltende Wirkung (§ 43 Abs. 5 S. 2 EStG). Die Verlustverrechnung ist dem Veranlagungsverfahren vorbehalten.

Im Fall 39 sind die im Mai und Juni angefallenen Verluste in gesonderten Töpfen zu vermerken, weil die Aktienverluste nach § 20d Abs. 6 S. 2 EStG nur mit Aktiengewinnen verrechnet werden können. Entsprechend ergibt sich folgende „Topfrechnung". Dabei werden terminologisch den „Aktiengewinnen" und „Aktienverlusten" die „Normalgewinne" und „Normalverluste" gegenübergestellt, also Gewinne und Verluste aus Kapitalvermögen, die keine Aktiengewinne oder -verluste sind.

	Mai: Stückzinsen	Juni: Veräußerung Aktien (Verlust)	Juli: Veräußerung Anleihe (Gewinn)	August: Veräußerung Aktien (Gewinn)	Jahresende (Summe)
Ergebnis	./. 1.000	./. 2.000	3.000	500	+ 500
Einordnung	Normalverlust	Aktienverlust	Normalgewinn	Aktiengewinn	
Verlusttopf „Sonstige"	1.000	0	./. 1.000	0	0
Verlusttopf „Aktien"	0	2.000	0	./. 500	./. 1.500
Bemessungsgrundlage KESt	0	0	2.000	0	2.000
KESt	0	0	500	0	500

Insgesamt behält die Deutsche Bank also auf einen Gewinn von (per saldo) 500 € Kapitalertragsteuer in nämlicher Höhe (500 €) ein. Was wie eine „100%-Steuer" erscheint, ist dem Umstand geschuldet, dass der Aktienverlust vom Juni i.H.v. 2.000 € nur mit dem später angefallenen (kleinen) Aktiengewinn verrechnet werden kann, nicht aber auch mit dem später angefallenen Normalgewinn. Daraus ergibt sich eine Bemessungsgrundlage für die Kapitalertragsteuer (€ 2.000), die das tatsächlich erzielte Ergebnis (500 €) um 1.500 € übersteigt. Die Bank vollzieht dies buchungstechnisch, indem sie den Aktienverlust von 2.000 € in einem gesonderten Verlusttopf (Verlusttopf „Aktien") speichert. Nachdem aus diesem Topf ein Teilbetrag von 500 € zur Verrechnung mit dem später angefallenen (kleinen) Aktiengewinn genutzt worden ist, befindet sich am Jahresende noch ein Restbetrag von 1.500 € im Verlusttopf „Aktien". Der Verlusttopf „Sonstige" ist dagegen geleert.

Hinsichtlich dieses Restbetrages im Verlusttopf „Aktien" richten sich die weiteren Folgen danach, ob Frau Rogers bei der Deutschen Bank eine Verlustbescheinigung beantragt oder nicht. Hierzu eine Übersicht:

Übersicht 14: Verlusttopf und Verlustbescheinigung

- Wenn Depotinhaber nichts veranlassen, führen die Bank etwaige am Jahresende sich ergebende Verlustüberhänge in den Verlusttöpfen getrennt im Folgejahr fort (gewissermaßen ein **„Verlusttopfvortrag"**).

- Stattdessen kann der Steuerpflichtige bis zum **15. Dezember** des laufenden Jahres (maßgeblich ist das Eingangsdatum) die Ausstellung einer **Verlustbescheinigung** beantragen. Die Fristversäumnis hat zur Folge, dass die Bank eine Verlustbescheinigung nicht ausstellen darf.

- Als Folge einer Verlustbescheinigung **erlischt der Verlusttopf bei der Bank**. Der vormalige Inhalt des Topfes kann also nicht mehr durch die Bank in Folgejahren mit Gewinnen verrechnet werden.

- Stattdessen kann der Anleger den Verlust nun im Rahmen der **Veranlagung** für das abgelaufene Jahr geltend machen; die Verlustbescheinigung ist zwingende Voraussetzung für die Geltendmachung in der Veranlagung (§ 20 Abs. 6 S. 5 EStG).

- Der Antrag auf die Erteilung der Verlustbescheinigung kann **für beide Verlusttöpfe getrennt** gestellt werden. Es ist aber nicht möglich, sich nur einen **Teilverlust** eines Topfes bescheinigen zu lassen.

- Durch die Bescheinigung kann der Anleger immer nur die Berücksichtigung der Verluste im Veranlagungsverfahren erreichen. **Nicht möglich** ist die **Berücksichtigung durch eine andere Bank** beim Abzug der Kapitalertragsteuer (weder in demselben noch in einem späteren Veranlagungszeitraum).

Lösung des Falls 39: Zusammengefasst wird bei Frau Rogers auf Kapitalerträge von (per saldo) 500 € Kapitalertragsteuer (ebenfalls) i.H.v. 500 € erhoben. Die Bank vermerkt negative Kapitalerträge zwar („Topfrechnung"), darf aber wegen der Beschränkung in § 20d Abs. 6 S. 2 EStG Aktienverluste nur mit Aktiengewinnen verrechnen (technisch geschieht dies durch den Verlusttopf „Aktien"). Der Restbetrag von 1.500 €, der sich am Jahresende im Verlusttopf „Aktien" befindet, wird von der Bank in das Folgejahr fortgeschrieben.

Stattdessen kann Frau Rogers bis zu 15. Dezember des laufenden Jahres eine Verlustbescheinigung bei der Bank beantragen und dann den Verlust von 1.500 € im Veranlagungsverfahren geltend machen. Auch in der Veranlagung gilt aber, dass Aktienverluste nur mit Aktiengewinnen verrechnet werden können (§ 20d Abs. 6 S. 2 EStG). Sinnvoll ist der Antrag auf Verlustbescheinigung also dann, wenn Frau Rogers in demselben Veranlagungszeitraum (Kalenderjahr) Aktiengewinne außerhalb ihres Deutsche Bank-Depots erzielt hat.

Leitsatz 34

Verlusttopf I

Innerhalb der Einkünfte aus Kapitalvermögen findet eine **Verrechnung** von Verlusten und Gewinnen nicht erst im Rahmen der Veranlagung statt, sondern bereits bei Erhebung der Kapitalertragsteuer durch die **Banken**.

Die Banken halten dazu angefallene Verluste in einer „Nebenrechnung", den sog. Verlusttöpfen fest. Neben einem **allgemeinen Verlusttopf** (Verlusttopf „Sonstige") wird ein **Verlusttopf Aktien** geführt, in dem nur Verluste aus der Veräußerung von Aktien verbucht werden. Dies ist geboten, weil Aktienverluste **nur** mit Aktiengewinnen, nicht mit sonstigen Gewinnen aus Kapitalvermögen verrechnet werden können.

Verlusttöpfe sind von den Banken in Folgejahre fortzuschreiben, wenn der Anleger **nicht** bis zum 15. Dezember des laufenden Jahres eine **Verlustbescheinigung** beantragt. Die Bescheinigung ermöglicht es dem Anleger, den Verlust im Rahmen der Veranlagung geltend zu machen.

Fall 40
(Abwandlung des vorigen Falles): Welche Steuerfolgen ergeben sich, wenn – abweichend vom Ausgangsfall – folgende positive und negative Erträge anfallen?

Datum	Ereignis	Betrag (€)
Mai	Veräußerung einer Anleihe (Gewinn)	3.000
Juli	Veräußerung einer Anleihe (Verlust)	./. 1.000
	Summe (Gewinn)	**2.000**

Wenn im Laufe des Jahres zunächst Gewinne aus Kapitalvermögen und erst später Verluste anfallen, hat die Bank Kapitalertragsteuer auf die Gewinne bei Entstehung der Verluste bereits abgeführt. Um dem Erfordernis des Verlustausgleichs über das Kalenderjahr hinweg gerecht zu werden, lässt die Finanzverwaltung in diesen Fällen zu, dass die Banken ihren Kunden eine Steuergutschrift aus einer nachträglichen Verrechnung mit dem Verlusttopf erteilen.

Dies muss nicht erst am Jahresende geschehen. Vielmehr ist der Ausgleich auch unterjährig zulässig. Um den Ausgleich vornehmen zu können, führen die Banken Steuerverrechnungskonten für ihre Anleger.

Lösung des Fall 40: Bei Veräußerung der Anleihe im Mai (mit Gewinn) führt die Bank (3.000 €*25% =) 750 € Kapitalertragsteuer ab. Dies wird in einem Steuerverrechnungskonto festgehalten. Bei Veräußerung der Anleihe im Juli (mit Gewinn) füllt die Bank den Verlusttopf „Sonstige" sodann mit 1.000 €. Sie verrechnet dann bei der nächsten Abführung von Kapitalertragsteuer Steuerverrechnungskonto und Verlusttopf „Sonstige" miteinander und leistet eine Kapitalertragsteuererstattung von (1.000 € * 25% =) 250 € an die Anlegerin.

Im Ergebnis hat Frau Rogers damit auf einen Gewinn von (per saldo) 2.000 € Kapitalertragsteuer i.H.v. 500 € gezahlt, also genau 25%. Die Reihenfolge, in der Gewinne und Verluste anfallen, spielt für die Kapitalertragsteuer auf Jahressicht damit keine Rolle.

Leitsatz 35

Verlusttopf II

Die **Reihenfolge**, in der Gewinne und Verluste anfallen, spielt für die in einem Veranlagungszeitraum (Kalenderjahr) insgesamt abzuführende Kapitalertragsteuer **keine Rolle**. Fallen zunächst Gewinne an, halten die Banken diese auf Steuerverrechnungskonten fest, die sie bei späteren Verlusten mit Verlusttöpfen verrechnen. Es kommt dann zu einer Erstattung von Kapitalertragsteuer durch die Banken.

Fall 41

(weitere Abwandlung von Fall 39) Welche Steuerfolgen ergeben sich, wenn – abweichend vom Ausgangsfall – folgende positive und negative Erträge anfallen?

Datum	Ereignis	Betrag (€)
Mai	Veräußerung einer Aktie (Gewinn)	2.000
Juli	Veräußerung einer Anleihe (Verlust)	./. 2.000
August	Veräußerung einer Aktie (Verlust)	./. 2.000
Oktober	Veräußerung einer Anleihe (Gewinn)	2.000
	Summe (Gewinn)	0

Lösung des Falls 41: Bei einem Gewinn von (per saldo) 0 € sollte auch die Kapitalertragsteuer 0 € betragen. Allerdings ist der Aktiengewinn aus dem Mai in voller Höhe mit dem Verlusttopf „Sonstige" zu verrechnen, den die Bank im Juli nach der Veräußerung der Anleihe mit Verlust anlegt. Der Anlegerin wird durch diese Verrechnung die Kapitalertragsteuer erstattet, die die Bank auf den Aktiengewinn aus dem Mai abgeführt hat. Der Verlusttopf „Sonstige" steht wieder auf Null.

Der Aktienverlust aus dem August wird im Verlusttopf „Aktien" festgehalten. Der später anfallende sonstige Kapitalertrag (Gewinn aus der

Veräußerung einer Anleihe) darf mit diesem Aktienverlust aber nicht verrechnet werden.

Damit dem Anleger die zeitliche Abfolge von Gewinnen und Verlusten nicht zum Verhängnis wird und die Verlustverrechnung so weit wie möglich durch die Banken vorgenommen wird, akzeptiert die Finanzverwaltung hier eine Lösung, die in unserem Fall dazu führt, dass sich die Kapitalertragsteuer für das gesamte Jahr auf Null beläuft. Falls nach Verrechnung eines Aktiengewinns mit dem allgemeinen Verlusttopf im weiteren Verlauf des Jahres ein Aktienverlust realisiert wird, muss die bereits erfolgte Verlustverrechnung korrigiert werden. Der Aktienverlust wird dazu nachträglich mit dem Aktiengewinn verrechnet; der allgemeine Verlusttopf lebt insoweit wieder auf und steht zur Verrechnung mit dem später angefallenen allgemeinen Verlust zur Verfügung.

Unter Berücksichtigung dieser Grundsätze beträgt die Kapitalertragsteuer insgesamt 0 €:

	Mai	Juli	August	Oktober	Jahresende (Summe)
Einordnung	Aktiengewinn	Normalverlust	Aktienverlust	Normalgewinn	
Ergebnis	2.000	./. 2.000	./. 2.000	2.000	0
Verlusttopf „Sonstige"	0	2.000 ./. 2.000 0	**2.000**	./. 2.000	0
Verlusttopf „Aktien"	0	0	0	0	0
Bemessungsgrundlage KESt	2.000	./. 2.000	0	0	0
KESt	500	./. 500	0	0	0

Entscheidend für die Lösung ist, dass der Aktienverlust aus dem August nicht – wie sonst geboten – im Verlusttopf „Aktien" verbucht wird, sondern im Verlusttopf „Sonstige". Das ist deshalb möglich und geboten, weil ein früherer Aktiengewinn mit dem Verlusttopf „Sonstige" verrechnet worden ist. Dadurch, dass der Aktienverlust aus dem August im Verlusttopf „Sonstige" verbucht wird, steht Verrechnungsvolumen für den im Oktober erzielten „Normalgewinn" zur Verfügung und die Kapitalertragsteuer für das ganze Jahr beträgt – zutreffend – Null.

Leitsatz 36

Verlusttopf III

Falls nach Verrechnung eines Aktiengewinns mit dem Verlusttopf „Sonstige" ein Aktienverlust realisiert wird, wird die **bereits erfolgte Verlustverrechnung korrigiert**. Der Aktienverlust wird dazu nachträglich mit dem Aktiengewinn verrechnet; der Verlusttopf „Sonstige" lebt insoweit wieder auf und steht zur Verrechnung mit dem später angefallenen allgemeinen Verlust zur Verfügung.

Lektion 15: Einzelfragen zur Kapitalertragsteuer

Ausnahmen vom Steuerabzug

Fall 42

Frau Fitschen, die bei der Volksbank arbeitet, möchte einen Überblick darüber bekommen, in welchen Fällen Kapitalertragsteuer ausnahmsweise nicht einzubehalten ist. Können Sie helfen?

Das Gesetz regelt zahlreiche Ausnahmen von der Verpflichtung, Kapitalertragsteuer einzubehalten und abzuführen. Die wichtigsten Ausnahmen sind in der folgenden Übersicht zusammengestellt.

Übersicht 15: Ausnahmen von der Kapitalsetragssteuer

Vorschrift (EStG)	Erfasste Kapitalerträge	Voraussetzungen/Zweck
§ 43 Abs. 2 S. 1	Alle Kapitalerträge außer § 43 Abs. 1 Nr. 1a und 7c	Keine Kapitalertragsteuer, „wenn **Gläubiger** und **Schuldner** der Kapitalerträge (Schuldner) oder die auszahlende Stelle ... **dieselbe Person** sind". Z.B.: Die BMW AG hält eine Anleihe, die sie selbst emittiert hat.
§ 43 Abs. 2 S. 2	§ 43 Abs. 1 S. 1 Nr. 6, 7 und 8 bis 12	**Interbankenprivileg:** Gläubiger der Kapitalerträge ist ein inländisches **Kreditinstitut** oder inländisches **Finanzdienstleistungsinstitut** ... oder eine inländische **Kapitalverwaltungsgesellschaft** ... **Zweck:** Vereinfachung des Steuerverfahrens, da die Erträge des empfangenden Instituts ohnehin dem Steuerabzug im Rahmen der Körperschaftsteuer unterliegen.

§ 43 Abs. 2 S. 3 Nr. 1	§ 43 Abs. 1 S. 1 Nr. 6 und 8 bis 12	Gläubigerin der Kapitalerträge ist eine **unbeschränkt steuerpflichtige (nicht steuerbefreite) Körperschaft**, Personenvereinigung oder Vermögensmasse. **Zweck: Vereinfachung**. Beim Steuerpflichtigen liegen hier **Gewinneinkünfte** vor. Verlustverrechnung folgt hier anderen Regeln; ebenso u.a. die Anrechnung ausländischer Steuern (§ 34c EStG/§ 26 KStG statt § 32d Abs. 5 EStG). Abgeltende Wirkung des Steuerabzuges gilt daher nicht (§ 43 Abs. 5 S. 2). Mit Steuerabzug wäre daher nicht die angestrebte Vereinfachung verbunden; vielmehr wären die Ergebnisse in weitem Umfang in der Veranlagung zu korrigieren.
§ 43 Abs. 2 S. 3 Nr. 2	§ 43 Abs. 1 S. 1 Nr. 6 und 8 bis 12	Die Kapitalerträge sind **Betriebseinnahmen** eines **inländischen Betriebes** und der Gläubiger erklärt dies gegenüber der auszahlenden Stelle nach **amtlich vorgeschriebenem Muster**. Besondere **Aufzeichnungspflichten** und Pflicht der Bank zur Übermittlung von Daten an das Finanzamt (§ 43 Abs. 2 S. 6, 7 EStG) sollen Besteuerung der Erträge sichern. **Zweck: Vereinfachung** im Hinblick auf das Vorliegen von **Gewinneinkünften** (wie in voriger Zeile).

§ 44a Abs. 1 S. 1 Nr. 3, Abs. 2 S. 1 Nr. 1	**Bestimmte Kapitalerträge**, u.a. Zinsen, Veräußerungsgewinne; **nicht erfasst** insb. **Gewinnausschüttungen** von GmbH und AG (Dividenden).	**Freistellungsauftrag:** Der Kunde erteilt seiner Bank einen Freistellungsauftrag **maximal** in Höhe des **Sparer-Pauschbetrages** von € 801 (bei Zusammenveranlagten: € 1.602). Bis zum Freistellungslimit findet dann ein Steuerabzug nicht statt. Die Gesamtsumme kann durch mehrere Aufträge auf mehrere Institute verteilt werden. Voraussetzung: **unbeschränkte Steuerpflicht**. Der Auftrag muss nach **amtlichem Muster** erteilt werden und eine **Identifikationsnummer** nach § 139b AO enthalten. **Zweck:** Berücksichtigung des Sparer-Pauschbetrages (§ 20 Abs. 9) bereits im Abzugsverfahren, nicht erst in der Veranlagung.
§ 44a Abs. 1 S. 4, Abs. 2 S. 1 Nr. 1	§ 43 Abs. 1 S. 1 Nr. 1, 2 bis 7 und 8 bis 12 sowie Abs. 1 S. 2; insb. **GmbH- und AG-Gewinnausschüttungen** i.S.v. § 43 Abs. 1 S. 1 Nr. 1 sind hier also auch erfasst (anders als bei Freistellungsauftrag, s.o.).	**Nichtveranlagungs-Bescheinigung (NV-Bescheinigung) Entstehung einer Steuer nicht zu erwarten**: Steuerabzug ist nicht vorzunehmen, wenn anzunehmen ist, dass auch für Fälle der Günstigerprüfung nach § 32d Abs. 6 keine Steuer entsteht. Voraussetzung: **unbeschränkte Steuerpflicht**. Die NV-Bescheinigung stellt das für den Gläubiger zuständige **Wohnsitzfinanzamt** aus (§ 44a Abs. 2 S. 1 Nr. 2), anders als bei Freistellungsauftrag also keine Ausstellung durch den Sparer selbst. **Zweck:** Entlastung der **Kleinsparer** (und ihrer Banken).

§ 44a Abs. 4, 7, 8 EStG	Bestimmte Kapitalerträge	Abstandnahme vom Steuerabzug (insb.) bei **gemeinnützigen Körperschaften**. Voraussetzung ist grundsätzlich eine Bescheinigung des Finanzamts („**NV 2 B**"). Die Finanzverwaltung beanstandet es aber nicht, wenn stattdessen der zuletzt erteilte Freistellungsbescheid (nicht älter als fünf Jahre) überlassen wird oder ein Feststellungsbescheid nach § 60a AO.
Nicht gesetzlich geregelt	Alle Kapitalerträge	**Steuerausländer** Soweit ein Gläubiger nicht unbeschränkt steuerpflichtig ist und ein Kapitalertrag nach § 49 Abs. 1 Nr. 5 EStG auch **nicht der beschränkten Steuerpflicht unterliegt**, findet ein Abzug der Kapitalertragsteuer nicht statt. Das gilt insbesondere für reine **Zinserträge**, die an Steuerausländer fließen. Im Rahmen der Legitimationsprüfung lassen sich die Zahlstellen regelmäßig vom (ggf. beschränkt steuerpflichtigen) Kunden schriftlich seine Steuerausländereigenschaft bestätigen. Dass Einkünfte, die nach § 49 Abs. 1 Nr. 5 EStG nicht zur beschränkten Steuerpflicht führen, auch vom Kapitalertragsteuerabzug ausgenommen sind, ist **nicht ausdrücklich gesetzlich geregelt**, ergibt sich aber aus Veröffentlichungen der Finanzverwaltung.

Zur Besteuerung von inländischen Investmentfonds ist zu ergänzen, dass auf der Fondseingangsseite (Erträge, die dem Fonds aus seinen Kapitalanlagen zufließen) im Ergebnis eine vollständige Entlastung von Kapitalertragsteuer vorgesehen ist. § 11 Abs. 2 S. 1 InvStG ordnet dazu an, dass die einbehaltene und abgeführte Kapitalertragsteuer dem Investmentfonds unter Einschaltung der Verwahrstelle erstattet wird, soweit nicht nach § 44a EStG (s.o.) bereits vom Abzug der Kapitalertragsteuer Abstand genommen worden ist. Auf der Fondsausgangsseite (zu versteuernde Kapitalerträge des Anlegers aus der Fondsbeteiligung) findet ein Abzug von Kapitalertragsteuer nach Maßgabe von § 7 InvStG statt.

Lösung des Falls 42: Tatsächlich regelt das Steuerrecht zahlreiche Ausnahmen von der grundsätzlich bestehenden Pflicht der Banken, Kapitalertragsteuer einzubehalten und abzuführen. Bei unbeschränkt steuerpflichtigen natürlichen Personen, die Kapitalanlagen im Privatvermögen halten, sind Freistellungsauftrag und NV-Bescheinigung wichtige Fälle, in denen ein Steuerabzug (ggf. zum Teil) unterbleibt. Generell unterbleibt der Abzug auch bei Steuerausländern, soweit die Voraussetzungen einer beschränkten Steuerpflicht nicht vorliegen.

Fall 43

Herr Möbius erzielt (unter Berücksichtigung auch von Kapitalerträgen) nur geringe Einkünfte. Das Finanzamt hat ihm daher eine NV-Bescheinigung nach § 44a Abs. 2 S. 1 Nr. 2 EStG ausgestellt (s. bereits die Fälle 5 und 42). Herr Möbius hat aber zunächst vergessen, sie seiner Bank vorzulegen. Erst als die Bank ihm im April 01 eine Dividende unter vollem Abzug der Kapitalertragsteuer auszahlt, bemerkt er das Versäumnis. Er reicht die NV-Bescheinigung im Mai 01 bei seiner Bank ein und fordert sie auf, die „zu Unrecht abgeführte Steuer" zu erstatten.

§ 44b Abs. 5 S. 1 EStG sieht in bestimmten Fällen eine Erstattung einbehaltener oder abgeführter Kapitalertragsteuer vor. Wichtige Fälle sind:

▶ Kapitalertragsteuer ist einbehalten oder abgeführt worden, obwohl eine Verpflichtung hierzu nicht bestand; oder

▶ der Gläubiger hat einen Freistellungsauftrag oder eine NV-Bescheinigung oder erst zu einem Zeitpunkt vorgelegt, zu dem die Kapitalertragsteuer bereits abgeführt war.

In diesen (und weiteren im Gesetz genannten) Fällen ist auf Antrag des nach § 44 Abs. 1 EStG zum Steuerabzug Verpflichteten (meist also der Bank) die Steueranmeldung (§ 45a Abs. 1 EStG) insoweit zu ändern; stattdessen kann der zum Steuerabzug Verpflichtete bei der folgenden Steueranmeldung die abzuführende Kapitalertragsteuer entsprechend kürzen.

Eine Erstattung fließt nach § 44b Abs. 5 S. 3 EStG nicht direkt an den Anleger, sondern an den Antragsteller (meist also die Bank; der Antragsteller leitet die Erstattung dann an den Anleger weiter). Solange die Bank noch keine Steuerbescheinigung nach § 45a EStG erteilt hat, ist sie verpflichtet, das Erstattungsverfahren zu betreiben. Der Gesetzgeber hat diese Verpflichtung neu geregelt, weil die Banken zuvor eine Änderung (mangels entsprechender Verpflichtung) meist abgelehnt und ihre Kunden darauf verwiesen hatten, eine Korrektur im Veranlagungsverfahren zu verfolgen (§ 32d Abs. 4 oder 6 EStG). Es kam dadurch nach Auffassung des Gesetzgebers zu vermeidbaren Veranlagungsfällen, die nun ausgeschlossen sein sollen.

Lösung des Fall 43: Zunächst ist festzuhalten, dass die Bank die Kapitalertragsteuer nicht „zu Unrecht abgeführt" hat. Die Bank konnte nicht anders handeln, weil ihr die NV-Bescheinigung nach § 44a Abs. 2 S. 1 Nr. 2 EStG noch nicht vorlag. § 44b Abs. 5 S. 1 EStG sieht hier aber eine Möglichkeit der Erstattung der bereits gezahlten Kapitalertragsteuer vor. Antragsberechtigt ist danach die Bank, nicht Herr Möbius selbst. Früher lehnten die Banken die Antragstellung meist ab, weil sie dazu nicht verpflichtet waren. Heute sind die Banken zur Antragstellung verpflichtet, so lange sie die Steuerbescheinigung nach § 45a Abs. 2 EStG noch nicht ausgestellt haben.

Leitsatz 37

Erstattung von Kapitalertragsteuer

§ 44b Abs. 5 S. 1 EStG sieht in **bestimmten Fällen** eine Erstattung von Kapitalertragsteuer vor. Dies ist insbesondere der Fall, wenn Kapitalertragsteuer einbehalten worden ist, obwohl eine Verpflichtung hierzu nicht bestand sowie bei **nachträglicher Vorlage** von Freistellungsaufträgen oder NV-Bescheinigungen. Antragsteller ist die **Bank**; diese ist verpflichtet, das Verfahren durchzuführen, so lange sie die Steuerbescheinigung nach § 45a Abs. 2 EStG noch nicht ausgestellt hat.

Anmeldung und Bescheinigung der Kapitalertragsteuer

§ 45a EStG regelt Verfahrenspflichten, die die Anmeldung und Bescheinigung der Kapitalertragsteuer betreffen.

Nach § 45a Abs. 1 EStG ist die einbehaltene Kapitalertragsteuer dem Finanzamt innerhalb der in § 44 Abs. 1 oder 7 EStG bestimmten Frist nach amtlich vorgeschriebenem Vordruck auf elektronischem Weg anzumelden (Steueranmeldung). Für die Steueranmeldung gelten also dieselben Fristen wie für die Abführung der Kapitalertragsteuer (regelmäßig sind Zahlung und Anmeldung zum zehnten des folgenden Monats fällig). Zweck der Anmeldung ist die Überwachung des Steuerabzugs durch das Finanzamt.

Nach § 45a Abs. 2 EStG sind bestimmte Stellen zudem verpflichtet, dem Gläubiger der Kapitalerträge auf Verlangen eine Bescheinigung nach amtlich vorgeschriebenem Muster auszustellen, die die nach § 32d EStG erforderlichen Angaben enthält (Steuerbescheinigung). Der Verpflichtung unterliegen vor allem die Banken. Anleger benötigen die Bescheinigung insbesondere dann, wenn der Steuerabzug keine abgeltende Wirkung hat, sondern die Abzugsbeträge im Rahmen einer Veranlagung auf die Steuerschuld des Anlegers angerechnet werden sollen (§ 36 Abs. 2 Nr. 2 EStG). Die Finanzverwaltung hat für die Bescheinigung Muster veröffentlicht (Muster I bis III), die die Banken verwenden.

Leitsatz 38

Anmeldung und Bescheinigung der Kapitalertragsteuer

§ 45a EStG regelt **Verfahrenspflichten**, denen die zum Abzug der Kapitalertragsteuer Verpflichteten – vor allem also die Banken – unterliegen. Insbesondere sind danach **Steueranmeldungen** beim Finanzamt einzureichen. Zudem haben die Anleger einen Anspruch auf Ausstellung von **Steuerbescheinigungen**, die insbesondere die Anrechnung gezahlter Kapitalertragsteuer in der Veranlagung ermöglichen.

V. Die Sicht des Anlegers

Lektion 16: Abgeltungswirkung und Ausnahmen

Grundsatz: Abgeltungswirkung der Kapitalertragsteuer

Die Einkommensteuer ist mit dem Abzug der Kapitalertragsteuer regelmäßig abgegolten (§ 43 Abs. 5 S. 1 Hs. 1 EStG, Abgeltungsteuer), eine Deklaration der Erträge in einer Steuererklärung und ein darauf bezogenes Veranlagungsverfahren sind daher regelmäßig entbehrlich.

Mit dem Abzug der Kapitalertragsteuer soll sich die Besteuerung der entsprechenden Einkünfte aus Kapitalvermögen regelmäßig endgültig erledigen (Endbesteuerungswirkung).

Die abgeltende Wirkung des Steuerabzuges ist der Grund dafür, dass bereits beim Steuerabzug möglichst viele individuelle steuerliche Merkmale des Anlegers zu berücksichtigen sind, etwa im Hinblick auf eine Verrechnung von Verlusten (§ 43a Abs. 3 EStG) und die Anrechnung ausländischer Quellensteuern (§ 43a Abs. 3 S. 1 EStG).

Erklärungspflicht bei fehlendem Kapitalertragsteuerabzug

Nicht alle Einkünfte aus Kapitalvermögen (§ 20 EStG) unterliegen nach §§ 43 ff. EStG dem Abzug der Kapitalertragsteuer. Steuerpflichtige Kapitalerträge, die nicht der Kapitalertragsteuer unterlegen haben, muss der Steuerpflichtige in seiner Einkommensteuererklärung angeben (§ 32d Abs. 3 S. 1 EStG). Diese Einkünfte werden dann in der Veranlagung dem besonderen Steuersatz von 25% nach § 32d Abs. 1 EStG unterworfen (§ 32d Abs. 3 S. 2 EStG).

Die wichtigen deklarierungspflichtigen Kapitalerträge nun in einer Übersicht.

Übersicht 16: Deklarierungspflichtige Kapitalerträge

Wichtige Kapitalerträge, die einem Abzug von Kapitalertragsteuer nicht unterliegen und daher nach § 32d Abs. 3 EStG zu deklarieren sind:

- § 43 Abs. 1 S. 1 Nr. 7 EStG sieht den Abzug von Kapitalertragsteuer bei Zinsen aus Darlehensforderungen nur in bestimmten Fällen vor, insbesondere bei Zinsen, die **inländische Kreditinstitute zahlen. (Insbesondere) reine „Privatdarlehen"** sowie **Gesellschafterdarlehen** unterliegen dagegen nicht dem Steuerabzug.

- Wer Kapitalanlagen bei **ausländischen Banken oder Depots** hält, unterliegt damit ebenfalls nicht der Kapitalertragsteuer.

- Ein weiteres wichtiges Beispiel für Kapitalerträge, die nicht dem Steuerabzug unterliegen, sind **ausschüttungsgleiche Erträge**, die bei ausländischen thesaurierenden Fonds anfallen.

- Schließlich besteht die Erklärungspflicht generell, wenn ein Steuerabzug zwar gesetzlich vorgesehen ist, tatsächlich aber **rechtswidrig unterbleibt**.

Leitsatz 39

Erklärungspflicht bei fehlendem Kapitalertragsteuerabzug

Steuerpflichtige Kapitalerträge, die nicht der Kapitalertragsteuer unterlegen haben, **muss** der Steuerpflichtige in seiner **Einkommensteuererklärung** angeben. Sie werden in der Veranlagung dem besonderen Steuersatz von 25 % unterworfen (§ 32d Abs. 3 EStG). Wichtige Anwendungsfälle dieser Regelung sind:

- **Privatdarlehen**
- **Gesellschafterdarlehen**
- **diverse Auslandserträge**

Veranlagungspflicht trotz Steuerabzugs

Im vorstehenden Abschnitt wurden Kapitalerträge behandelt, bei denen ein Steuerabzug nicht stattfindet, und die deshalb in der Einkommensteuererklärung anzugeben sind. In weiteren Fällen besteht eine Erklärungspflicht, obwohl ein Steuerabzug stattgefunden hat.

Insbesondere ist die abgeltende Wirkung des Steuerabzugs auf inländische Privatanleger begrenzt, also solche Anleger, die Einkünfte aus Kapitalvermögen (§ 20 EStG) erzielen. Für inländische betriebliche Anleger (vor allem Steuerpflichtige mit Einkünften aus Gewerbebetrieb) hat der Steuerabzug dagegen keine abgeltende Wirkung. Der Steuerabzug ist zwar auch dann vorzunehmen, wenn die Kapitalerträge beim Gläubiger zu den Einkünften aus Land- und Forstwirtschaft, aus Gewerbebetrieb, aus selbständiger Arbeit oder aus Vermietung und Verpachtung gehören (§ 43 Abs. 4 EStG; s. aber die auf Antrag geltende Ausnahme nach § 43 Abs. 2 S. 3 Nr. 2 EStG und dazu oben Fall 42). Indes hat die Kapitalertragsteuer in diesen Fällen keine abgeltende Wirkung (§ 43 Abs. 5 S. 2 EStG). Vielmehr ist die Einkommensteuer nach dem progressiven Tarif (§ 32a EStG) zu berechnen. Abgeführte Kapitalertragsteuer ist nach § 36 Abs. 2 Nr. 2 EStG auf die so berechnete Einkommensteuer anzurechnen, also als Vorauszahlung zu behandeln. S. dazu das Fallbeispiel oben (Fall 19); s. dort auch die Ausführungen zum Teileinkünfteverfahren.

Die folgende Übersicht zeigt wesentliche Unterschiede zwischen der Besteuerung von Kapitalerträgen bei Privatanlegern (§ 20 EStG) und betrieblichen Anlegern (insb. § 15 EStG) auf:

Übersicht 17: Privatanleger und Betrieblicher Anleger

	Privatanleger (§ 20)	Betrieblicher Anleger (insb. § 15)
Steuersatz	25 % (§ 32d)	Individueller Steuersatz (§ 32a)
Ermittlung der Einkünfte	Einnahmen abzüglich Sparer-Pauschbetrag (§§ 2 Abs. 2, 20 Abs. 9)	Gewinnermittlung nach §§ 4 ff. (Bilanzierung/EÜR); kein Sparer-Pauschbetrag

Ansatz der Einnahmen zu ...	100 %	Grds. 100 % (etwa bei Zinsen), in Fällen des § 3d Nr. 40 EStG (insb. **Gewinnausschüttungen**) aber nur **60 % (Teileinkünfteverfahren)**
Behandlung von Werbungskosten/ Betriebsausgaben im Zusammenhang mit der Kapitalanlage	Abzugsverbot (§ 20 Abs. 9)	Kein Abzugsverbot; im Anwendungsbereich des Teileinkünfteverfahrens aber nur 60 % der Ausgaben abziehbar, § 3c Abs. 2 EStG
Behandlung von Verlusten	Keine Verrechnung mit Gewinnen aus anderen Einkunftsarten; Verrechnung von Aktiengewinnen nur mit Aktienverlusten (§ 20 Abs. 6)	Grundsätzlich volle Verrechnung mit Gewinnen aus Gewerbebetrieb und anderen Einkünftequellen

§ 43 Abs. 5 S. 2 EStG ordnet den Ausschluss der Abgeltungswirkung nicht nur dann an, wenn Kapitalerträge den Gewinneinkünften (betrieblichen Einkunftsarten) zuzuordnen sind.

Der Steuerabzug hat auch dann keine abgeltende Wirkung, wenn die Voraussetzungen des § 32d Abs. 2 EStG gegeben sind. In diesen Fällen liegen zwar Einkünfte aus Kapitalvermögen vor, der besondere Steuersatz von 25 % ist aber – zwingend oder auf Antrag des Steuerpflichtigen – zugunsten des progressiven Steuertarifs ausgeschlossen.

Die von § 32d Abs. 2 EStG erfassten Fälle wurden in diesem Buch bereits behandelt (Fälle 24 und 25). Ein Fall, in dem der Abgeltungsteuersatz zwingend ausscheidet, sind nach § 32d Abs. 2 Nr. 1 lit. a) EStG bestimmte Darlehenszinsen, die an nahe stehende Personen gezahlt werden. Ein Abzug von Kapitalertragsteuer findet hier regelmäßig nicht statt. Wenn dies doch einmal der Fall ist, hat der Abzug keine abgeltende Wirkung. Der Gläubiger muss vielmehr die Kapitalerträge in seiner Steuererklärung angeben. Abgeführte Kapitalertragsteuer wird nach § 36 Abs. 2 Nr. 2

EStG auf die Einkommensteuer (berechnet nach § 32a EStG) angerechnet, also als Vorauszahlung behandelt.

Optionale Veranlagung nach Steuerabzug

Neben den Fällen, in denen eine Veranlagung zwingend vorgesehen ist, obwohl Kapitalertragsteuer einbehalten worden ist (s.o.), gibt es Fälle, in denen der Steuerpflichtige die Veranlagung wählen kann. Auch dann hat der Abzug von Kapitalertragsteuer keine abgeltende Wirkung. Zu unterscheiden sind zwei Kategorien der optionalen Veranlagung:

▶ besonderer Steuersatz von 25 %

Zum Teil kann der Steuerpflichtige eine Veranlagung wählen, in der dann der besondere Steuersatz von 25 % nach § 32d Abs. 1 EStG Anwendung findet (§ 32d Abs. 4 EStG).

▶ progressiver Tarif

Es gibt aber auch Fälle der freiwilligen Veranlagung, in denen der progressive Tarif (§ 32a EStG) Anwendung findet (§§ 32d Abs. 2 Nr. 3, Abs. 6 EStG).

Die erste Kategorie – Anwendung des besondere Steuersatz von 25 % in der Veranlagung – ist in § 32d Abs. 4 EStG geregelt. Der Steuerpflichtige kann danach in der Einkommensteuererklärung für Kapitalerträge, die der Kapitalertragsteuer unterlegen haben, eine Steuerfestsetzung mit dem Steuersatz von 25 % in diversen Fällen verlangen, in denen bestimmte individuelle Merkmale des Steuerpflichtigen beim Steuerabzug noch gar nicht oder nicht zutreffend erfasst worden sind.

Zu den Beispielen, die das Gesetz zur optionale Veranlagung zum besonderen Steuersatz von 25% nennt, nun eine Übersicht.

Übersicht 18: Optionale Veranlagung

Optionale Veranlagung zum besonderen Steuersatz von 25%

- Der **Sparer-Pauschbetrag** (§ 20 Abs. 9 S. 1 EStG) ist nicht vollständig ausgeschöpft worden

- Anwendung der **Ersatzbemessungsgrundlage** nach § 43a Abs. 2 S. 7 EStG bei der Berechnung der Kapitalertragsteuer

- Ein **Verlust** ist noch nicht im Rahmen des § 43a Abs. 3 EStG berücksichtigt worden

- Berücksichtigung eines **Verlustvortrags** nach § 20 Abs. 6 EStG

- **Ausländische Steuern** sind noch nicht berücksichtigt worden

- Ermäßigung des Steuersatzes nach § 32d Abs. 1 S. 3 EStG wegen **Kirchensteuerpflicht**

Daneben kann die Veranlagung zum Abgeltungsteuersatz nach § 32d Abs. 4 EStG ganz generell „zur Überprüfung des Steuereinbehalts dem Grund oder der Höhe nach" beantragt werden.

Fälle der freiwilligen Veranlagung, in denen der progressive Tarif (§ 32a EStG) Anwendung findet, sind:

- § 32d Abs. 2 Nr. 3 EStG: Kapitalerträge im Sinne des § 20 Abs. 1 Nr. 1, 2 EStG aus einer Beteiligung an einer Kapitalgesellschaft (insbesondere Dividenden von Aktiengesellschaften und GmbH-Gewinnausschüttungen), werden auf Antrag vom Abgeltungsteuersatz ausgenommen, wenn der Steuerpflichtige unmittelbar oder mittelbar a) zu mindestens 25% an der Kapitalgesellschaft beteiligt ist oder b) zu mindestens 1% an der Kapitalgesellschaft beteiligt und beruflich für diese tätig ist.

- § 32d Abs. 6 EStG (Günstigerprüfung): Auf Antrag des Steuerpflichtigen werden anstelle der Anwendung der Abgeltungsteuer die nach § 20 EStG ermittelten Kapitaleinkünfte den übrigen

Einkünften des Steuerpflichtigen hinzugerechnet und zusammen mit Letzteren der tariflichen Einkommensteuer unterworfen, wenn dies zu einer niedrigeren Steuerbelastung führt. Wegen des progressiven Tarifverlaufs lohnt sich der Antrag auf Günstigerprüfung, wenn neben relativ niedrigen Einkünften aus Kapitalvermögen nur geringe andere Einkünfte erzielt werden. Eine Schlechterstellung kann für den Anleger mit dem Antrag auf Günstigerprüfung nicht verbunden sein.

Auch in diesen Fällen wird abgeführte Kapitalertragsteuer nach § 36 Abs. 2 Nr. 2 EStG auf die Einkommensteuer angerechnet, also als Vorauszahlung behandelt.

Übersicht 19: Veranlagung durch den Anleger

Zwingende oder freiwillige Einbeziehung von Kapitalerträgen in die Veranlagung

Vorschrift	Erfasste Erträge	Behandlung
§ 32d Abs. 3 S. 1	Steuerpflichtige Kapitalerträge, die **nicht der Kapitalertragsteuer unterlegen haben**, z.B. Zinsen auf „Privatdarlehen" und diverse Kapitalerträge aus ausländischen Quellen.	**Erklärungspflicht**; Anwendung des besonderen Steuersatzes von 25% in der Veranlagung.
§ 43 Abs. 5 S. 2	Anleger, bei denen Kapitalerträge den **Gewinneinkunftsarten zuzuordnen** sind. Vor allem den Einkünften aus Gewerbebetrieb.	**Erklärungspflicht**; Kapitalertragsteuer hat keine abgeltende Wirkung. Vielmehr ist die Einkommensteuer nach dem progressiven Tarif (§ 32a EStG) zu berechnen, teilweise nach dem Teileinkünfteverfahren. Abgeführte Kapitalertragsteuer ist nach § 36 Abs. 2 Nr. 2 EStG auf die Einkommensteuer anzurechnen.

§ 32d Abs. 4	Anwendung auf **alle Kapitalerträge, die der Kapitalertragsteuer unterlegen haben.** Antragsveranlagung zur Berücksichtigung individueller Merkmale, die beim Steuerabzug noch nicht (zutreffend) erfasst worden sind (etwa: Sparer-Pauschbetrag, Ersatzbemessungsgrundlage, Verlustverrechnung).	**Veranlagungswahlrecht**; Steuerfestsetzung mit dem **Abgeltungsteuersatz von 25%** unter Anwendung von § 20 Abs. 6 EStG (beschränkte Verlustverrechnung) und § 20 Abs. 9 EStG (Sparer-Pauschbetrag; Verbot des Abzuges der tatsächlichen Werbungskosten). Anrechnung abgeführter Kapitalertragsteuer nach § 36 Abs. 2 Nr. 2 EStG.
§ 32d Abs. 2 Nr. 3	**AG-Dividenden** und **GmbH-Gewinnausschüttungen** bei **qualifizierter Beteiligung** (25% oder 1% und berufliche Tätigkeit für die Gesellschaft)	**Veranlagungswahlrecht**; Anwendung des **progressiven Tarifs (§ 32a EStG)** mit Teileinkünfteverfahren. Anrechnung abgeführter Kapitalertragsteuer nach § 36 Abs. 2 Nr. 2 EStG.
§ 32d Abs. 6	**Günstigerprüfung:** Auf Antrag des Steuerpflichtigen werden die Kapitaleinkünfte anstelle der Anwendung der Abgeltungsteuer den übrigen Einkünften des Steuerpflichtigen hinzugerechnet und zusammen mit Letzteren der tariflichen Einkommensteuer unterworfen.	**Veranlagungswahlrecht**; Anwendung des **progressiven Tarifs (§ 32a EStG)**, wenn die Steuerbelastung danach niedriger ist. Anrechnung abgeführter Kapitalertragsteuer nach § 36 Abs. 2 Nr. 2 EStG.

***

Liebe Leserinnen, liebe Leser,

sind Ihnen hin und wieder die in den Fällen verwendeten Namen bekannt vorgekommen? Um diese zu ehren, wurden Namen bekannter und erfolgreicher Größen der weltweiten Bank- und Finanzbranche adoptiert. Mit den konkreten Fällen stehen diese natürlich in keinerlei Verbindung.

Möge diese Buch Sie inspirieren, sich weiter und vertieft mit den Steuerthemen zu befassen, die sich im Zusammenhang mit dem Thema „Geld und Kapitalanlage" stellen. Kenntnisse in diesem Bereich sind u.a. bei Banken und Versicherungen sowie in Anwalts- und Steuerberatungskanzleien sehr gefragt. Zudem helfen sie, wenn es darum geht, die eigenen Finanzen zu verwalten – ob Sie nun ein „Buffett" sind oder noch auf dem (langen) Weg dorthin ...

A

Abflussprinzip	74
Abgeltungsteuer	9, 127
Abgeltungsteuer, Ausnahmen	68
Abgeltungswirkung	9, 127
Abzugsverpflichteter	83
AIF	38
Aktien	27
Aktien, Kursgewinne	28
Aktien, Gewinn	77, 112
Aktien, Veräußerungsgewinne	28
Aktien, Verlust	112
Anlassanfrage	103
Anleihe	22
Anleihe, Kursgewinn	24
Anrechnung	65, 105
Anschaffungskosten	32, 60, 99
Anschaffungsnebenkosten	60
Ausgeschüttete Erträge	42
Ausländische Steuern	65, 105
Auslandsbank	96
Ausschüttung	27, 42
Ausschüttungsgleiche Erträge	43

B

Bekanntmachungspflichten	44
Bemessungsgrundlage	98
Bestandsschutz	29
Beteiligung, relevante	33
Betriebsvermögen	52

C

Clearstream Banking AG	30

D

Darlehen	22, 74
Darlehen, Ausfall	24
Darlehen, partiarisches	95
Darlehen, privates	96
Darlehen, Zinszahlung	74
DBA	66, 105, 107
Depotguthaben	30
Depotübertrag	91
Devisen	19
Dividende	27, 84
Doppelbesteuerung	65
Doppelbesteuerungsabkommen	66, 105, 107
Dualismus der Einkunftsarten	56

E

Edelmetalle	19
Einkommensteuer	5
Einkommensteuertarif, progressiver	8
Einkünfte, gewerbliche	33, 54, 86, 129
Einkünfteermittlung	56
Einkunftsarten	5
Einkunftsarten, Dualismus	56
Einlage, Rückzahlung	31
Einlagenkonto, steuerliches	31, 89
Endbesteuerungswirkung	82, 127
Erhebungsform	6
Erklärungspflicht	127
Ermäßigungsanspruch	66
Ermittlung	56
Ersatzbemessungsgrundlage	99
Erträge, ausgeschüttete	42
Erträge, ausschüttungsgleiche	43

F

Familie	70
Festgeld	22
FIFO	30
Fonds, ausschüttende	41
Fonds, geschlossene	19, 37
Fonds, intransparente	44
Fonds, offene	37
Fonds, thesaurierende	41

Sachregister

Fonds, transparente 44
Freistellungsauftrag 11, 122, 124

G

Genussrechte 34, 93
German Pellets 26
Geschäftsanteil 33
Gesellschafterdarlehen 69
Gewerbebetrieb 33, 54, 86, 129
Gewerbesteuer 27
Gewinn 59
Gewinn, ausschüttbarer 32
Gewinnausschüttung 84
Gewinneinkünfte 56
Girosammelverwahrung 30
Globalurkunde 30
GmbH 33
Gold 19
Günstigerprüfung 13

H

Haftung 7
Hybridkapital 35

I

Immobilien 19, 29, 37
Immobilienfonds, geschlossene 37
Immobilienfonds, offene 37
Investitionsgesellschaft 39
Investmentfonds 37, 39
Investmentsteuergesetz 39
Investmentvermögen 38

K

Kapitalanlagegesetzbuch 38
Kapitalerträge, ausländische 83
Kapitalerträge, inländische 83
Kapitalertragsteuer 81
Kapitalertragsteuer, Anmeldung 124
Kapitalertragsteuer, Ausnahmen 120
Kapitalertragsteuer, Bemessungsgrundlage 98
Kapitalertragsteuer, Bescheinigung 125
Kapitalertragsteuer, erfasste Erträge 82
Kapitalertragsteuer, Erstattung 124
Kapitalertragsteuer, Steuersatz 98
Kapitallebensversicherungen 46, 48
Kapitalverwaltungsgesellschaft 37
Kirchensteuer 61, 101
Kirchensteuerabzugsmerkmale 103
KISTAM 103
Körperschaftsteuer 27
Kunstmarkt 19

L

Laufende Einkünfte 17
Lebensversicherung 46
Leibrentenversicherung 46, 47
Lohnsteuer 7

M

Mezzanine-Finanzierung 35

N

Nahe stehende Personen 70
Nettoprinzip, objektives 58
Nichtveranlagungsbescheinigung 12, 122, 124
Norwegen 106
Nulleinkünfteverfahren 86

Nullwert 103
NV-Bescheinigung 12, 122, 124

O
OGAW-Fonds 38
Optionale Veranlagung 131

P
Personengesellschaft,
 Besteuerung 39
Privatdarlehen 96
Prokon 34

Q
Quellensteuer 8, 10, 66, 105
Quellensteuer, Erstattung 107
Quellensteuertopf 107

R
Regelanfrage 103
Reichensteuer 34
Riester 46, 47
Risiko-Lebensversicherung 46

S
Sammelverwahrung 30
Schweiz 64, 105, 107
Silber 19
Solidaritätszuschlag 10
Sonderausgaben 46, 62
Sonstige Einkünfte 19, 29
Spanien 106
Sparbuch 22
Sparer-Pauschbetrag
 11, 23, 53, 58
Spekulationsfrist 19, 28
Spekulationssteuer 19, 28
Sperrvermerk 103
Spitzensteuersatz 34
Steueranmeldung 125

Steuerausländer 123
Steuererklärung 127
Steuern, ausländische 65, 105
Steuerpflicht, beschränkte 123
Steuerpflicht,
 unbeschränkte 54, 64
Steuersatz 98
Steuersatz, Abgeltungsteuer 9, 23
Steuersatzspreizung 23, 68
Steuerverrechnungskonto 116
Stückzinsen 110
Subsidiarität 52

T
Tagesgeld 22
Tarifspreizung 23, 68
Teileinkünfteverfahren
 33, 53, 71, 86
Thesaurierung 28
Topfrechnung 112
Transparente Besteuerung 40
Trennungsprinzip 27

U
Überschusseinkünfte 56
Unternehmensteuer-
 reformgesetz 2008 81

V
Veranlagung 6
Veranlagung, optionale 131
Veräußerungsfiktion 92
Veräußerungsgeschäfte 17
Veräußerungsgewinn 59, 90
Veräußerungskosten 60
Veräußerungspreis 60
Verbriefung 30
Verlustabzug 77
Verlustausgleich 77
Verlustbescheinigung 78, 114

Verluste	24, 76
Verluste, Verrechnung	76
Verlustrücktrag	77
Verlusttöpfe	110
Verlustverrechnung, Beschränkungen	79
Verlustverrechnung, horizontale	76
Verlustverrechnung, vertikale	76
Verlustvortrag	77
Vermietung und Verpachtung	19, 40
Vermögensebene	25
Verwertungsreihenfolge	30
Vorauszahlung	88

W

Welteinkommen	64
Werbungskosten	57
Wertpapiere, sammelverwahrte	30

Z

Zentralverwahrer	30
Zinsen	22, 74, 95
Zinsen, negative	58
Zufluss	27, 74
Zuflussprinzip	74
Zuschlagsteuer	62

leicht gemacht ®

Die Besteuerung der GmbH – *leicht gemacht* ®

Die Steuern der GmbH inkl. UG, Ltd und ihrer Gesellschafter
von Reinhard Schinkel, Steuerberater

Folgen Sie einem erfahrenen Steuerberater auf dem Weg durch die Besteuerung einer GmbH. Aus dem Inhalt:

- Einkommensermittlung und Gewinnausschüttung
- Einlagen, Betriebsausgaben und Spenden
- Ausländische Einkünfte und Verlustabzug
- Gewerbesteuer, Umsatzsteuer und Lohnsteuer
- Praxistipps und Problemlösungen

Ein Lehrbuch und Nachschlagewerk für Studierende und Praktiker. Unverzichtbar auch für GmbH-, UG- und Ltd.- Geschäftsführer.

Die Besteuerung der Personengesellschaften – *leicht gemacht* ®

Die Steuern der GbR, OHG, KG, GmbH & Co. KG und ihrer Gesellschafter
von Steuerberater und Ökonom Dr. Jörg Drobeck

Ein erfahrener Steuerberater vermittelt mit großer Sachkenntnis die Besteuerung von Gesellschaft und Gesellschaftern. Aus dem Inhalt:

- Steuerliche Grundlagen und Rechtsformen
- Einkünftezurechnung und Mitunternehmerschaft
- Betriebsvermögen und Gewinnermittlung
- Steuerliche Gewinn- und Verlustverteilung
- Hinweistipps und Problemlösungen

Das Lehrbuch und Nachschlagewerk für Studierende und Praktiker. Unverzichtbar auch für interessierte Gesellschafter und Geschäftsführer.

leicht gemacht ®

Die Steuer der Immobilien – *leicht gemacht* ®

Haus- und Grundeigentum im Steuerrecht
von Dipl.-Kff., Dipl.-Betriebsw. Kerstin Schober

Eine erfahrene Steuerberaterin löst die steuerlichen Fragen vom Eigenheim bis zur Bewirtschaftung von Großobjekten:

- Anschaffung, Errichtung, Modernisierung
- Einkünfte, Liebhaberei, Vermietung
- Veräußerung, Handel, Schenkung
- Umsatzsteuer, Gewerbesteuer, Erwerbsteuer
- Grundsteuer, Erbschaftsteuer u.v.m.

Das Lehrbuch für Haus- und Grundeigentum. Unverzichtbar für alle Lernenden in der Immobilienwirtschaft, zudem ein Handbuch für Interessierte und Engagierte.

Steuerbilanz – *leicht gemacht* ®

Eine Einführung nicht nur für Studierende an Universitäten, Hochschulen und Berufsakademien.
von Professor Dr. Stephan Kudert und Professor Dr. Peter Sorg

In leicht verständlicher, bewährt fallorientierter Weise erläutern zwei erfahrene Professoren das Steuerbilanzrecht. Insbesondere

- Alle Positionen der Steuerbilanz
- Sonder- und Ergänzungsbilanzen
- Schuldrechtliche Beziehungen zwischen Gesellschaft und ihren Gesellschaftern
- Gesellschafter- und Rechtsformwechsel

Eine unerlässliche Lernhilfe für die Steuerbilanzklausur der Wirtschafts- und Rechtswissenschaftler, der Kandidaten des Steuerberaterexamens, aber auch Beistand im Berufsalltag.

leicht gemacht ®

Steuerrecht – *leicht gemacht* ®

Eine Einführung nicht nur für Studierende an Hochschulen, Fachhochschulen und Berufsakademien
von Professor Dr. Stephan Kudert

Ein erfahrener Universitätsprofessor vermittelt dieses verständlich und fallorientiert. Aus dem Inhalt:

- Einkommensteuer
- Körperschaftsteuer
- Gewerbesteuer
- Umsatzsteuer
- Internationale Bezüge

Die kurze und präzise Erläuterung der Grundzüge. Eine unerlässliche Lernhilfe für die Steuerklausur sowie Beistand in Beruf und Alltag.

Internationales Steuerrecht – *leicht gemacht* ®

Eine Einführung für Studium und Berufspraxis
von Professor Dr. Stephan Kudert

In leicht verständlicher, bewährt fallorientierter Weise erläutert ein erfahrener Professor die Steuerwirkung grenzüberschreitender Aktivitäten. Insbesondere:

- In- und Outboundfälle ohne Abkommensrecht
- Doppelbesteuerungsabkommen
- Europarecht und Hinzurechnungsbesteuerung

Eine unerlässliche Hilfe für Studium und Beruf; auch geeignet zur Vorbereitung auf das Steuerberaterexamen oder einen Fachberaterlehrgang.

Ihr Plus: Viele Übersichten und Leitsätze

Blaue Serie

Kudert
Steuerrecht – leicht gemacht
Das deutsche Steuerrecht

Kudert
Int. Steuerrecht – leicht gemacht
Grenzüberschreitende Aktivitäten

Warsönke
Einkommensteuer – leicht gemacht
Das EStG-Kurzlehrbuch

Mücke
Umsatzsteuer – leicht gemacht
Recht der MwSt

Schober
Gewerbesteuer – leicht gemacht
Systematisch – präzise – verständlich

Drobeck
Erbschaftsteuer – leicht gemacht
Erbschaft- und Schenkungsteuer

Warsönke
Abgabenordnung – leicht gemacht
Das ganze Steuerverfahren

Warsönke
Körperschaftsteuer – leicht gemacht
Die Besteuerung juristischer Personen

Schinkel
EÜR – leicht gemacht
Einnahme-Überschuss-Rechnung

Warsönke
Steuerstrafrecht – leicht gemacht
Verstoß, Verfolgung, Verteidigung

Schinkel
Klausuren im Steuerrecht – leicht gemacht
Klausurenhilfe: Techniken und Methoden

Schinkel
Die Besteuerung der GmbH – leicht gemacht
Das GmbH-Steuerlehrbuch

Drobeck
Die Besteuerung der Personengesellschaften – leicht gemacht
GbR, OHG, KG, Gesellschafter ...

Möller
Die Besteuerung von Kapitalanlagen – leicht gemacht
Zinsen, Aktien, Fondserträge ...

Schober
Die Steuer der Immobilien – leicht gemacht
Haus- und Grundbesitz

Mutscher/Benecke
Die Steuer bei Umwandlungen – leicht gemacht
Das Umwandlungsteuergesetz

Kudert/Sorg
Steuerbilanz – leicht gemacht
Die steuerlichen Grundsätze

Kudert/Sorg
Rechnungswesen – leicht gemacht
Buchführung und Bilanz

Kudert/Sorg
Übungsbuch Rechnungswesen – leicht gemacht
Lernziele, Übungen, Lösungen

Kudert/Sorg
Kostenrechnung – leicht gemacht
Kosten- und Leistungsrechnung

Kudert/Sorg
IFRS – leicht gemacht
Int. Financial Reporting Standards

In regelmäßigen Neuauflagen
www.leicht-gemacht.de